ニッポンの英語学習法を変えようプロジェクト

THE DUO
English × Logic

英語を英語のまま捉える「本物の英語力」と
「論理的思考力」が同時に身に付きます‼

「本物の英語力」とは

英語だけをいくら勉強しても
「本物の英語力」は
身に付きません。

English × Logic

合理的、論理的に考えるようにすれば、
「本物の英語力」は簡単に身に付きます。[*]

※部分の言い換え：暗記をやめれば

～ 私の経験から ～

私は、大学受験生時代、独自の学習法で「英・国・世界史」
3科目の偏差値をわずか3ヶ月で50未満から70台後半に
上げた経験があります。

中高6年間体育系の部活動に熱中し、6年間の知識の蓄積が
圧倒的に少なかった自分には、皆と同じ方法では勝ち目が
ない。「暗記量×時間＝成績というのではなく、もっと楽で
効率的な学習法はないか？」と高嶺の花の志望校の過去問
を見ていたある時、**「難関大学の英語の長文問題の内容は、
国語の論説・評論文の内容に似ていて、それらの概要は世
界史の教科書を隅々**（「文化史・思想史」「現代」の部分）
まで読めば大体分かる」ことに気づきました。そこで、「英語
×国語（論説・評論文）×世界史」を『総合1科目』として
取り組めば時間も労力も大幅に軽減できるだけでなく相乗
効果もあるはずだと考え、実行しました（「古文・漢文・小説」
は性質が異なるので除外）。

具体的な方法は、

【英語のラジオ放送を常時流しながら ※24時間（睡眠時も小音量で）】

① 『**英語**』の長文（早慶の過去問または英字新聞の記事）を英英辞典だけを頼りにして読み、自分の言葉で全訳を完成させ、その全訳を『**国語**』の論説文問題のつもりで精読し、日本語と英語で論旨を簡潔にまとめる。

② 『**世界史**』は、『世界の歴史』〈中公文庫〉16巻 ※絶版（各巻およそ 500~600 ページ）を『**国語**』の論説文問題のつもりで精読し、各章ごとに論旨を簡潔にまとめる。特に、西洋の文化史、思想史は『**論説文**』対策として入念に。

※ 出来事名・人名は、英語の綴りを用語集などで確認、地名・地理名などは英語版の地球儀（地勢型）で位置と共に綴りを確認 → 英単語の増強を兼ねる

というシンプルな 2 本立て。『国語（論説・評論文）』の対策は単体では行わず、①②の中で行いました。

①②の 1 セットを終えるには平均 5~6 時間、時に数日かかることもありましたが、慌てず丁寧に「なぜ」と「なぜなら」を意識して継続させた結果、**「英語力**（リスニング力、長文読解力、表現力、語彙力）**」「国語力」「論理的思考力」の 3 つが 3 ヶ月で飛躍的に上がり**、直後に受けた全国模試では『英語』『世界史』は全国トップ 100 位以内に入り、志望校はすべて A 判定を得ることができました（『国語』も 論説・評論文は満点）。

『英語』を英語の教科書や参考書 (文法書、単語集など)だけで勉強していたら不可能だったレベルの英語力を、3ヶ月で身に付けることができた一番の理由は、「日本語による暗記をやめて、英米の人々と同じように合理的、論理的な見方・考え方をする」ようにしたからです。3ヶ月程度の短期留学でネイティヴレベルの英語力を身に付けてくる人たちと同じことを、日本に居ながらにして気づき、実行したからです。

> 本書はこの経験を基に、
> 「英米の人々の合理的、論理的な見方・考え方を
> 理解してから ➡ 彼らが使っている英語を学ぶ」
> という流れで全体を構成した
> 全く新しい形の英文法書です。

論理的思考力を重視する新学習指導要領の下で学ぶ中学・高校生の方、英語での講義などが多い大学に通う学生の方、留学を志望する方、業務上高い英語力が求められる企業や組織で働く方、そして僭越ですが日本で英語を教える先生方、文部科学省の英語教育改革に携わる方にもぜひ読んで頂きたいという思いで、6年の歳月をかけて本書を書き上げました。

まずは1ヶ月間、英語圏の国 (日本語では教えてくれない、日本での常識が通用しない国) に短期留学しているつもりで本書に取り組んでみてください。そして短期間で効率よく**「本物の英語力** (＝合理的・論理的思考を伴った英語力)」を身に付けて、余った時間を自分のために楽しく有効に使っていってください。

2020 年 6 月　　鈴木 陽一

【英語に関するリサーチに利用した主なサイト】

Encyclopædia Britannica   https://www.britannica.com/

Wikipedia〈英語版〉   https://www.wikipedia.org/

Stanford Encyclopedia of Philosophy https://plato.stanford.edu/

■ リサーチした主なキーワード

English, philosophy, logic, thought, mind, Mind-body dualism, science, Plato, Aristotle, Socrates, Roger Bacon, Francis Bacon, René Descartes, John Locke

【日本語に関して参考にした主な本】

■ 日本語について (★は推薦図書)

★『日本語練習帳』	大野 晋	岩波新書
★『日本語の教室』	大野 晋	岩波新書
『日本人の思惟方法』	中村 元	春秋社

■ 明治以降、英語がどのように翻訳されてきたのか

『翻訳語成立事情』	柳父 章	岩波新書
『翻訳と日本の近代』	丸山 眞男・加藤 周一	岩波新書

Special thanks to:

■ 英語での意味・解釈の確認
Nina M. Cataldo & company

■ 日本語 ⇄ 英語対応確認
戸田 早紀 (翻訳家)

■ 本書の改良にご協力頂いた皆様〈試作版にて〉
中学・高校生 (36名)、大学・専門学校生 (115名)
社会人 (51名)

**「本物の英語力（English × Logic）」を
身に付ければ、
西洋の学問を「総合1科目」として
効率よく学んでいくことができます。**

ジャンルが細かく分類されていますが
重なり合う部分がたくさんあります

**そうすることで、
『本物の英語力（English × Logic）』の質も
どんどん高まっていきます。**

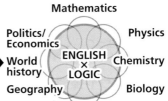

総合1科目に！

すべて、
「地球」と
「地球に存在するもの」を
理解するための学問です。
(地球 ≒ 世界)

WHAT'S THE DUO ?

「イギリス・アメリカの人々の
合理的、論理的な見方・考え方を理解する本」と
「総合英文法書」を
1冊に融合させました。

この工夫によって
海外留学をしなくても

ネイティヴや帰国子女と同じように
英語を英語のまま捉える「本物の英語力」を
短期間で確実に身に付けることができます。

ボリュームも 1/3 に合理化

一般的な総合文法書
A5サイズ×約600ページ

約3cm

A5サイズ

THE DUO
English × Logic

A5サイズ換算で
200ページ

本書を見開きにした状態がほぼA5サイズ

英文法を学ぶ目的はただ1つ

「主旨が明解な文」を作るため

絶対必要な部分	必要に応じて
主旨の文	補足
AはBである Aは○○する AはBを○○する	いつ　　　　（ 時 ） どこで　　　（場所） なぜなら　　（理由） ○○なら　　（条件） ○○という状態で etc.

本書では
この「主旨が明解な文の組み立て方」をメインに
「時制」「名詞の精度」を加えた
わずか3つの柱で英文法をシンプルに再構築

絵や図などで正確な意味が捉えられます

各文法事項の意味や用法を正確に理解できるよう、
絵・図・数値などを多く採用。ヴィジュアルで捉えることで
ネイティヴや帰国子女と同じように
英語を英語のまま捉える感覚が身に付きます。

本書の構成

STEP 0 「英米の人々の見方・考え方」を理解する ········

英文法や英単語の暗記よりも先に、「**英米の人々の合理的、論理的な見方・考え方を理解する**」ことで、英語の学習効率と理解度が劇的に上がります。

STEP 1 「主旨が明解な文」の組み立て方 ········

❶「**自分が主体**」であるということを自覚する
❷「**主旨の文**」と「**補足**」とをはっきり分ける

このたった2つのことを意識するだけで、英語の文はとても簡単に組み立てられます。

STEP 2 「時制」 ～時(とき)に敏感になる～ ········

実は、現代日本語には英語のように時制を明確に示す型がありません〈詳しくは本編で〉。日本語ではなく「**1本の時間軸の上で過去 - 現在 - 未来を捉える**」ことで、難解に思える英語の時制は明解になります。

STEP 3 「名詞の精度」にこだわる ········

主旨が明解な文を組み立てるためには、「A は B である」などの構造だけでなく、その構成要素 A,B(単語)の精度も同じくらい重要です。「名詞」にフォーカスを当てて「精度にこだわる」とはどういうことかを学んでいきます。

英語を英語のまま
（文法用語などの日本語が頭に浮かばずに）、
**「主旨が明解な文」を組み立て、理解できる
ようにすること**

「主旨が明解な文」の要件は、
「主旨の文」と「補足」が明確に分けられ、
「時制」が正確で、
「名詞」の描写精度が高い
こと。

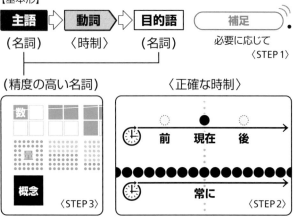

【基本形】

主語 ⇨ 動詞 ⇨ 目的語　　補足 。
（名詞）　〈時制〉　（名詞）　　必要に応じて
　　　　　　　　　　　　　　　　〈STEP 1〉

（精度の高い名詞）　　　　　　〈正確な時制〉

数
量
概念　〈STEP 3〉

前　現在　後

常に　〈STEP 2〉

応用

「主旨が明解な文の組み立て」が できれば、

論理の組み立ても

カンタンにできます。

論理の組み立て (Logic)

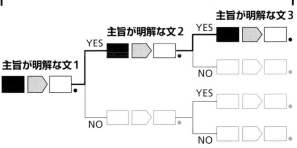

「ロジックの精度」は「主旨が明解な文の精度」次第です

複数の「主旨が明解な文」を論理的に組み立てていくことができれば、複雑な問題を解いたり、プログラミングしたり、日本語で論理的な文章を書いたりする時など、様々なことに役立ちます。ロジックは「難解な思考ではなく、明解な組み立て」。身に付けてしまえば一生使える有益なツールです。

達成目標(前頁)をクリアーすれば、会話・ドラマのセリフ・歌詞などの文法構造が不完全な「口語の英語」にも強くなります。

書かれた英語は構造が明解で理解しやすいですが、口語はそうはいきません。文を途中で終わらせたり、言い直したり、ふと思い浮かんだことを突然挟んだり、「えーと、ほら、あれだよ」と言ったり、ちょっとした文法的なミスもあったりと、英和辞典や英文法書をいくら調べても理解できないことがたくさんあります(日本語もそうですよね)。こうした口語英語こそ、日本語に訳さずに「英語を英語のまま捉える感覚」を身に付ければ、感覚的に理解できるようになりますし、話せるようにもなります。

※話者が感覚的に言っていることは、感覚的に理解するしかありません。

本編に入る前に、力試しとして右の英文にトライしてみてください

全然わからなくても大丈夫です。本編を読み終えた後には感覚的に理解できるようになります。

【右のテキストについて】
2020年3月、ホワイトハウスでの記者会見で、司会者の東京五輪についての質問にトランプ大統領が私見を述べた部分。日本のメディアが〈**トランプ氏「東京五輪1年延期すべき」**(※「すべき」は誤訳)〉という見出しを付けた記事の元となったものです。

司会： Any more thoughts about the Tokyo Olympics?

PRESIDENT TRUMP: No, I just wish the Prime Minister — he's a great friend of mine, Prime Minister Abe. And I wish him luck. They did such a perfect job. The venues are incredible. He was proudly showing me pictures of what they'd done the last time I was with him. This is before this came up. And I said, "What a job." And they built it very well. They built it on budget, right on — even under budget. And they're beautiful facilities. I don't know. I mean, it's very possible — it's very possible that for the Olympics maybe — I just can't see having no people there — in other words, not allowing people. Maybe — and this is just my idea — maybe they postpone it for a year. Maybe they do that, if that's possible. Maybe they — maybe that's not possible. I guess it's never happened with the Olympics. Although I think there was interruption for wars.

司会： They've been canceled, a few.

PRESIDENT TRUMP: Right. It was canceled or interruption. But I would say maybe they postpone it for a year. It's a shame because, really, I'm — you know, I used to be in the real estate business as you probably heard. They built some — and I built beautiful buildings, and they built some really beautiful buildings.

The White House (ホワイト・ハウス) のwebsiteより

Remarks by President Trump and Prime Minister Varadkar of Ireland
Before Bilateral Meeting   Issued on: March 12, 2020

〈本編を読み終えた後、再度トライしてみてください〉

【解説】→P.398

暗記学習にピリオドを

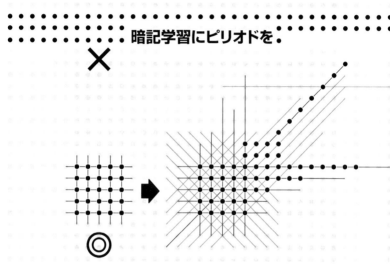

点と点を繋ぐ「線（理）」を見つければ、
がむしゃらに暗記をしなくても
関連する点が自然にどんどん繋がってきます。

Intelligence(知能)とは、
知識量（暗記量）ではなく
—— 線（理）を見つける能力 ——

Never memorize something that you can look up.

調べればわかることの暗記は絶対してはいけない。

Albert Einstein
アルバート・アインシュタイン

伝へて聞き、学びて知るは、まことの智にあらず
『徒然草 38 段』

吉田兼好
【学ぶ】マネブ (真似をする) が語源

Imagination is more important than knowledge.

想像力(頭の中で絵を描く能力)のほうが
知識よりも大事。

Albert Einstein
アルバート・アインシュタイン

本編 の 内容 ▪▪▪▪▪▪▪▪

NOW, LET'S GET STARTED.

STEP 0 [ゼロ]

「英米の人々の見方・考え方」を理解する

62 pages

あらゆるジャンルの哲学・科学を自分たちの言葉を使って
考え抜いてきたイギリスとアメリカの人々の言語「英語」。
英文法よりも先に、
「彼らの**合理的、論理的な見方・考え方**」を知ることで、
「英語」の習得は
とても容易になります。

日本人にはわかりにくい
英語の謎・謎・謎... が

・・・・・
たった1つのシンプル・ルールで
すべて明解になります

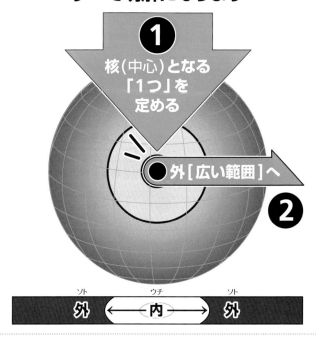

1
核(中心)となる
「1つ」を
定める

● 外[広い範囲]へ
2

ソト	ウチ	ソト
外	← 内 →	外

演(えん)(広げる)・繹(えき)(糸を伸ばす)→最初に定めた確かな前提から、1本の筋を伸ばすように論理を展開していく方法。1つが決まればどんどん展開できます。

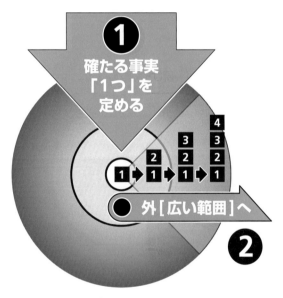

Deductive Reasoning 【de(離れるほうに)+duct(導いていく) +ive(性質の) reasoning(論理的思考)】

数学の証明プロセスが一番わかりやすい例です。

例）

《確かな前提》三角形の内角の和は180度

→ 四角形は2つの三角形に分けられる

→ 従って、四角形の内角の和は
　　180度×2=360度

さらに、

→ 五角形は3つの三角形に分けられる

→ 従って、五角形の内角の和は
　　180度×3=540度

さらに、

→ 六角形は ...

（と、永遠に演繹が続けられます）

三角形

四角形

五角形

六角形

Inductive Reasoning

帰納法 きのうほう

演繹法とは逆に、多くの実証結果［データ］から1つの法則などを導き出す方法。

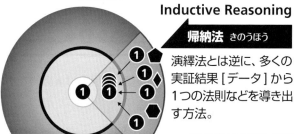

例）いろいろな形の三角形の内角を測って足したらどれも180度だった。だから、三角形の内角の和は180度だろう。

Inductive Reasoning 【in（中心のほうに）+duct（導いていく）
+ive（性質の）reasoning（論理的思考）】

**「核（中心）」さえわかれば
複雑そうに感じる英文法も
シンプルに
見えてきます。**

英語の考え方は演繹的です。

「英米の人々の見方・考え方」
の基本を
3ページにまとめました

本書の核となる3ページです

ある国の言語は「その国の人々の見方・考え方」を反映します。

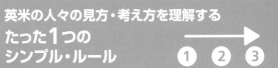

英米の人々の見方・考え方を理解する
たった**1**つの
シンプル・ルール
① ② ③

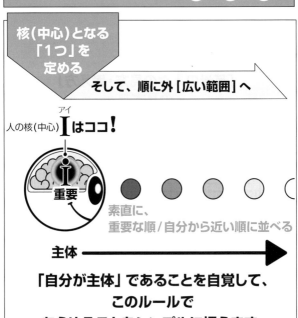

核(中心)となる
「1つ」を
定める

そして、順に外 [広い範囲] へ

人の核(中心) **I**(アイ) はココ!

重要

素直に、
重要な順/自分から近い順に並べる

主体 ⟶

「自分が主体」であることを自覚して、
このルールで
<u>あらゆることをシンプルに捉えます。</u>

欧米の Rationalism (合理的な考え方 / 合理主義) や
Individualism (個人を中心に据える考え方 / 個人主義)
と呼ばれるものも、この図式で説明できます。

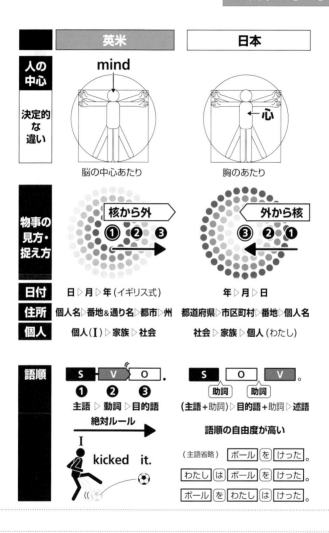

	英米	日本
人の中心 決定的な違い	mind 脳の中心あたり	←心 胸のあたり
物事の見方・捉え方	核から外 ❶ ❷ ❸	外から核 ❸ ❷ ❶
日付	日▷月▷年(イギリス式)	年▷月▷日
住所	個人名▷番地&通り名▷都市▷州	都道府県▷市区町村▷番地▷個人名
個人	個人(I)▷家族▷社会	社会▷家族▷個人(わたし)
語順	S V O. ❶ ❷ ❸ 主語▷動詞▷目的語 絶対ルール I kicked it.	S O V。 助詞 助詞 (主語+助詞)▷目的語+助詞▷述語 語順の自由度が高い (主語省略)ボールをけった。 わたしはボールをけった。 ボールをわたしはけった。

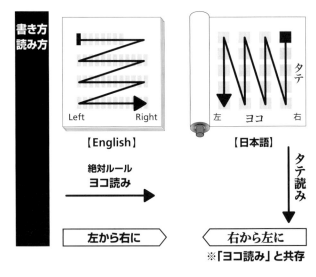

書き方 読み方

【English】

Left → Right

絶対ルール
ヨコ読み →

左から右に

【日本語】

左 ヨコ 右

タテ

タテ読み ↓

右から左に
※「ヨコ読み」と共存

「英米」と「日本」には
大きな違いがあるということに
気づきましたか？

シンプルな
「英米の見方・考え方」「英語」を
複雑に感じさせてしまうのは

「日本的な見方・考え方」「日本語」
です。

解説と補足

「日本的な見方・考え方」「日本語」で
捉えようとしなければ、
英語はとても明解になります！

「核(中心)となる主体」は
「I（自分）」.
このことを自覚しさえすれば
英語は
一瞬にして
簡単になります

1st　2nd　3rd
内　　　　外

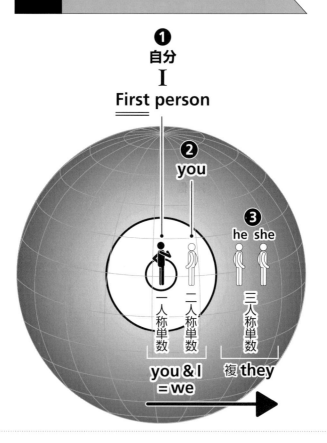

❶
自分
I
First person

❷
you

❸
he she

一人称単数

二人称単数

三人称単数

you & I
= we

複 they

「一人称、二人称、三人称」は、英語で **first** person、**second** person、**third** person。順序を表す**序数**が使われているので「第一番目の人、第二番目の人、第三番目の人」と、重要度の高い順を表しています。one, two, three（1人の、2人の、3人の）ではありません。

> ┃ I（自分）が FIRST PERSON、
> 第一番目の「個」、一番重要な「個」です。

そして I の一番近く（目の前）にいて、I にとって一番重要な「個」が **you** です。I と you は **we** という言葉でくくれる関係です。文法用語では SECOND (person)ですが I にとっては **you** は自分と同じぐらい FIRST な「個」です。文法用語「三人称単数現在の s」というのも、『**we** でくくれる **I** と **you** 以外の**個**を示す**s**』と考えると「動詞の語尾の─s」の意味合いを感じ取りやすくなり、感覚的に使えるようになると思います。

私とあなた二人だけで、I と you を主語に会話している限り、動詞の語尾の **s**（ス、ズ）の音を聞くことはないのです。そしてもし「s」の音が聞こえた時には「ん?、主語は私たちのどちらでもない他の**個**だな」とすぐに判断できます。

We don't need "s" between you & me!

先輩、後輩、先生、おじさん、おばさん、大統領、赤ちゃん、ワンコも、み～んな you!

I と we をしっかりと使い分ける

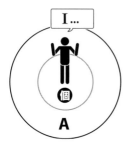 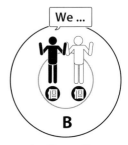

　自分一人 (**A**) なら当然主語は I ですが、傍らに仲間や大切な人がいるのに (**B**)、主語を I で話していませんか?

例えば、仲間と飲食店に入って注文する時、I'll have ... では自分の注文だけしか伝えていません。仲間の注文もまとめて伝えたいなら **We**'ll have ... にしましょう。主語を **We** にするだけで、「私が、みんなの分をまとめて注文します。...」という意味が表せます。

会社の一員として発言するなら **we** (当店は、当社は)、チームの一員として発言するなら **we** (うちのチームは / チームのみんなは)。個人的な発言をするなら I (私は)。

I と **We** をしっかりと使い分けることはとても重要です。

マナーとしての語順は「自分が最後」

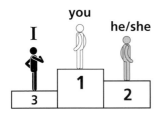

I を基準に考えていく英語でも、言葉にする際は「相手ファースト」です。レディファースト (ladies first) と同じ西洋のマナー。文法ルールではありません。「**I and you**（私とあなた）」ではなく「**you and I**（あなたと私）」と、相手が最初です。

相手ファースト

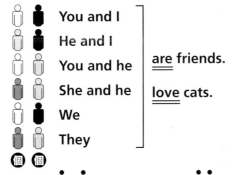

どんな「個と個の組み合わせ」でも複数 (**A and B**) なら素直に are です（一般動詞も ──**s** なし）。
実際の姿や数を捉えてから動詞の形を考えるようにすれば暗記した型 (I am, He is など) に惑わされて You and I am, She and he is などと間違えることもなくなります。

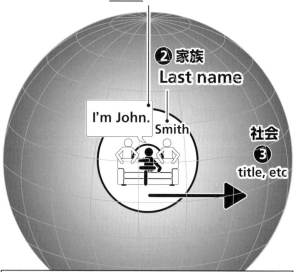

個人の「**氏名**」は日本とは逆です。

山田 太郎　　　　（山田家の一員の太郎）

　　　✕

Taro Yamada　（私は太郎。家族は山田）

この語順で分かる通り、自分だけに与えられた**「名」**が First name（第一番目の name）で、**「氏（家族名）」**は Last name（最後の name）です。

「○○家の□□です」ではなく「□□ という個としての自分（I）」であることが **THE FIRST**（第一番）です。

肩書（職種、地位、勤務先名、大学名など）を示すのは（どんなにアピールしたくても）最後の最後。

「先生」「部長」などに対しても、日本のように肩書で呼ぶことはなく、しっかりと個人名で呼びます。

【参考（名刺）】

First name　　Last name
❶　　　　　❷

Taro Yamada

Title
❸　→　CEO

ICP corporation

肩書
（職種、地位など）

First name (Middle name) Last name で
Personal name/Full name

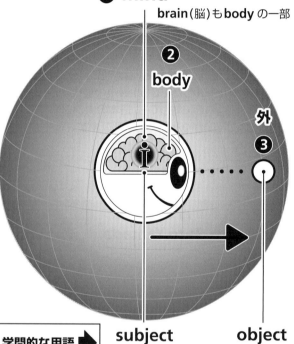

自分の核(中心)
❶ mind

brain(脳)も **body** の一部

❷
body

外
❸

学問的な用語 ➡ **subject**
主体

object
客体(対象)

46

西洋思想の「基礎知識」

THINKする生き物「人間」の核(中心)は mind

西洋近代哲学の祖、ルネ・デカルト (1596-1650) は「人間は **mind** と **body** でできている」と考えました。Mind-body dualismという考え方です(彼以前は mind と body ではなく soul と body)。心身二元論、物心二元論と訳されていますが、この mind は日本人的な胸のあたりにあると思われている「心」とはずいぶん違います。「脳 (brain) の中心あたりにあると考えられている、生きている人間の脳や体 (body) を機能させる核 (中心)、要のようなもの」です。「mind というものがあるから、人は自分という存在を自覚し、考えることができる」というのが欧米の人々の基本的な考え方です。そして、「自分 (❶)」と「自分が認識する対象 (❸)」との関係を考える時に用いられる用語が **subject**(主体)、**object**(客体 / 対象)です。形容詞は語尾に -ive を付けて subjective (主観的な)、objective (客観的な) です。

【mind と心】

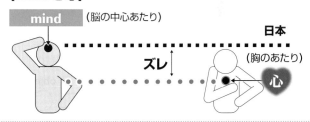

mind (脳の中心あたり)

日本

ズレ

(胸のあたり)

心

主体 (subject) が
動作 (verb) を決め、
その動作を対象 (object) に及ぼす

自分の頭の中心に I (私) を置き、
「その I (私) から近い順に並べる」だけで、
英語の文はとても簡単に組み立てられます。

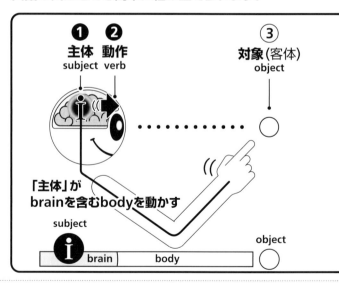

「自分が主体」。すなわち、「自分が主語」

【例】

| 日本語 | 私は・自分の電話を・机の上に・置いた。 |

英語 I put my phone on the desk.

私 ...を置いた　私の電話　　机の上に

I に最も近いのは、I 自身が決める「動詞」です。

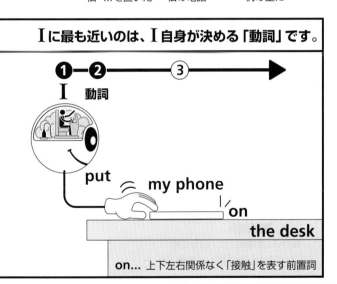

❶ — ❷ — ③ →

I 動詞

put my phone

on

the desk

on... 上下左右関係なく「接触」を表す前置詞

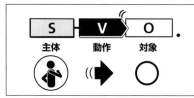

自分が ○○ する

I surprised him.

S | V

私が / ...を驚かせた / 彼

私は彼を驚かせた。

自分が ○○ する

I fixed my car.

S | V

私が / ...を修理した / 自分の車

私は(自分で)車を修理した。

「自分が主体」。
だから、
受身 (○○させられる) も、使役 (○○してもらう) も、
自分を主語に立てます。

自分が (何かに)○○させられる

I'm surprised by it.

S V ⟵⟵

私は /...だ / 驚かされた状態 / それによって

私はそれに驚いている。

自分が (誰かに)○○してもらう

I got my car fixed.

S V ▶

私は /...を得た / 自分の車が修理された状態

車を修理してもらった。　　〈詳しい解説→P.123〉

51

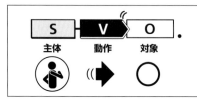

自分が、誰かに（これから）○○してもらいたい

I want you to do it.

S V

私は / ...を欲する / あなたがこれからそれをすること

あなたにそれをしてもらいたい。

自分が、(○○が○○している状態) を見る

I saw Bob doing it.

S V

私は / ...を見た / ボブがそれをしている状態

ボブがそれをしているのを見た。

自分の意志をはっきり示す

〈意志表明〉
I will   win

August 8

MON	TUE	WED	THU	FRI	SAT	SUN
1	2	3	4	5	6	7
8	9	10	11	12	13	14
15	16	17	18	19	20	21
22	23	24	25	26	27	**28**
29	30	31				

the next game

I will win the next game.

S　助動詞　V

私は /〈意志表明〉/ ...で勝つ / 次の試合

次の試合で勝ちます。　　　　〈詳しい解説→P.270〉

能動態と受動態

能動態…自分の意志で「○○する」

〈**能**(働きかける)+ **動**(動作)
→ 主体が自ら働きかけて何かを
動かす〉

do

受動態…自分の意志ではなく「○○される」

〈**受**(受ける)+ **動**(動作)
→ 主体が動作を受ける〉

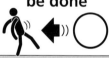

be done

**「自分が主体」であることを
しっかりと意識する
英語**

だから

**「能動態」と「受動態」を
はっきりと
使い分けます。**

日本語には
1) 能動態と受動態の違いを明確に示す型がない
2)「される」には「受身、尊敬の2つの用法がある」
3)「られる」には「受身、尊敬、可能の3つの用法がある」

日本語 (する、られる、される) **で判断せず**
自分が「○○する」のか「○○される」のかを
実際に考えて判断する必要があります。

be done

be surprised	驚く、びっくりする
be disappointed	がっかりする
be scared	怖がる
be born	生まれる　※産むのは「母」
be killed	(事故などで)亡くなる[命を奪われる]
be injured	けがをする
be moved	感動する、(胸に)ジーンとくる

どれも、「自分の意志でそうすること」ではありません

【自分の意志で○○する】
kill myself　自殺する　　convince myself　自分を納得させる

I — myself — me

「自分が主体」であることを意識すると、**myself** などの
「再帰代名詞(Reflexive pronoun)」もネイティヴと同じ
感覚で使えるようになります。
日本語の「**自分で・自分を・○○する / 自分で・自分に・
○○する**」と言う時の、最初の「**自分**」が **I**(主体としての
自分)、その後ろの「**自分**」が **myself**(自分自身)です。

単数			複数		
I	myself	me	we	ourselves	us
you	yourself	you	you	yourselves	you
he	himself	him			
she	herself	her	they	themselves	them
it	itself	it			

ここの「主格と再帰代名詞」をペアで覚えておくと「主体性の強い英語」
の感覚が養えます。また、他のヨーロッパ言語を学ぶときにも役立ちます。

「I（主体としての自分）と myself（自分自身）」を意識すると、日本語訳では消えてしまう英語での微妙なニュアンスも感じ取れるようになります。

I enjoyed the party.
パーティーを楽しんだ

I enjoyed myself at the party.
パーティーを積極的に楽しんだ〈自分で自分を楽しませた〉

talk to myself	独り言を言う
control myself	自分（の気持ち）をコントロールする
be beside myself	自分（の気持ち）をコントロールできない
ask myself	自分自身に問いかける
express myself	自分自身（の気持ち）を表現する
face myself	自分自身（の内面）と向き合う
psych myself up	（本番に向けて）自分の気持ちを高める
pull myself up	何とかして起き上がる〈自分で自分自身（の体）を引っ張り上げる〉

I can control myself.

「自分が主体という考え方、そして、その主体から近い順に並べるという語順」は世界の主要言語の多くに見られるパターンです。

S（主体）— V（動作）→ O（対象）.

French （フランス語）
Italian （イタリア語）
Russian （ロシア語）
Chinese （中国語）
⋮

French（フランス語）　　　　　「自分が自分を」という構造

Je me réveille à 7 heures. (=I wake up at 7 o'clock.)

7 時に<u>私は私を</u>目覚めさせます。→私は 7 時に目を覚まします。

Chinese（中国語）　　　　SVO構造

我愛你。
I love you

我想吃寿司。
I want eat sushi

漢文にも

「漢文」は昔の中国語です。だから、漢文も現在の中国語と同じ SVO(英語と同じルール) で読めば、レ点一二点など に翻弄されることなく、意味を読み取りやすくなります。

文の組み立ては「人(主体)」主語が基本

英語では人称ごとに代名詞は1つだけ。例えば「私はⅠだけ」。日本語では「わたし、わたくし、あたし、僕、俺 ...」と、相手との関係や状況などで使い分けなければならないだけでなく、適当なものが無いということもよくあります。英語ではそのような言葉選びの面倒もなく、「**アィ**」という1音なので迷わず使えます。

"Ⅰ ...(私)"、"I'm ...(私は ... だ)"、"I'll ...(私は ... という意志を持っている)"、"I think ...(私は ... と考えます)"と、「**自分が主体であることを意識して、自分主語を最初に口にしてみる**」だけで、ネイティヴと同じような文が組み立てられます。モノ主語で言えそうな場合でも、「人」主語で言えないかをまず考えてみましょう。

日本語		英語

今日は忙しい。
→私は今日忙しい。　　　　　　→ **I'm busy today.**

私の人生は一度きり。
→私は一度しか生きない。　　　→ **I live only once.**

《注文で》私は豚。
→私は豚肉(料理)をいただきます。→ **I'll have pork.**

それはおかしいよ。
→私はそれは違うと考えます。 → **I think it's wrong.**

Ⅰ主語の文で基礎ができれば、他の主語で言い換えることも簡単です

空間	「自分が意識を向けている空間」 → その外

here … 自分が意識を向けている空間
there … here の空間の外

this/these … here にあるものを指す代名詞
that/those … there にあるものを指す代名詞

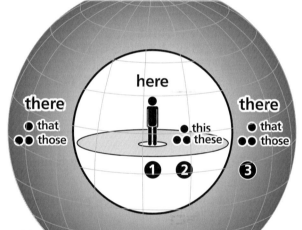

**※ 紙の上では 2 次元（平面）でしか表現できませんが
実際は 3 次元（空間）です**

ソト	ウチ	ソト
外	←─ 内 ─→	外

「時間」も同じように捉えます

this/these … 自分が意識を向けている時を指す代名詞
→「**現在**」

that/those … 自分の意識から遠のいた時を指す代名詞
→「**過去**」

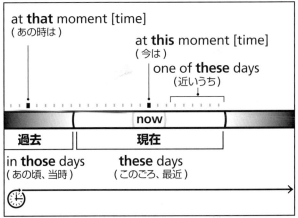

at **that** moment [time]
(あの時は)

at **this** moment [time]
(今は)

one of **these** days
(近いうち)

now

過去　現在

in **those** days　these days
(あの頃、当時)　(このごろ、最近)

⚠ **日本語の「あちこち」は、英語では「こちあち」**

日本語の「あちこち／あちらこちら」という表現は「遠く
→近くの順」ですが、英語では「主体から近い順」に並べ
て **here and there**。また、「あれこれ」という表現も同
様に **this and that**。英語の語順は、シンプル・ルール
に忠実です。

日付　「(最小単位の)日」→大きな単位へ

04/02/2020
day　month　year
DD/MM/YYYY

「(最小単位の)日を特定してから大きな単位に」規則正しく並べます。英国だけでなくヨーロッパのほとんどの国がこのルールです。

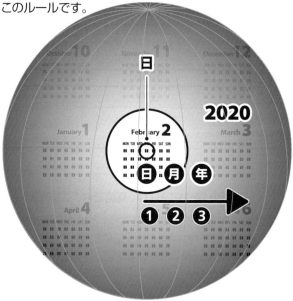

「例外」のアメリカ式表記

アメリカ英語では「月が最初」

アメリカ式

02/04/2020
month　day　year
MM/DD/YYYY ‥‥‥‥‥

【 MM/DD/YYYY 】
書類などで日付の書き方を
指示する表記。
M, D, Y はそれぞれ Month,
Day, Year の頭文字。
文字数は桁数の指示。MM
なら頭の0を省略せずに書く。

【なぜ？】(仮説)

アメリカ建国史上重要な文書、1620年の「メイフラワー
盟約」と 1776年の「独立宣言」。前者に記された日付
は「the eleventh of November」と英国式で記されて
いますが、後者では「July 4」と「月が最初」になって
います。

英国からの独立を宣言する際、英国とは異なる表記を
意図的に採用したのかも知れません〈英国の「議会」は
Parliament だが、アメリカの「議会」は Congress〉。
しかしそれ以前に、独立宣言までの約150年は果てしな
く広がる原野の開拓に必死だった時代。「今日は何日？」
というよりも「今、何月頃かな？」という感覚のほうが
自然だったのかもしれません。

※混乱を避けるために「月」は綴り(フルまたは略記)で
　書くのが安全。

アメリカ式　　**February 4(th), 2020**

英国式　　　　**4(th) February 2020**

住所	「(土地固有の) 番地 & 通り名」 → 広い範囲へ

「点」の特定が最初です

地点

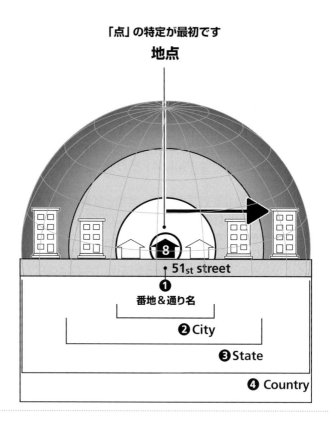

51st street

❶ 番地 & 通り名

❷ City

❸ State

❹ Country

64

建物が建てられる土地(区画)は必ず道路に接しています。
土地を点、道路を線と考えれば、全ての土地の位置は座標
上の点 (a,b) のように (**番地 , 通り名**) で表現できます。
起点を定めて、そこから道路に沿って片側を奇数 (odd
numbers)、反対側を偶数 (even numbers) で番地が
一定の方向に規則正しく振られていることが多いです。

「8 番地」は (0,0) から x 軸を右へ 4 つ進んだ下側

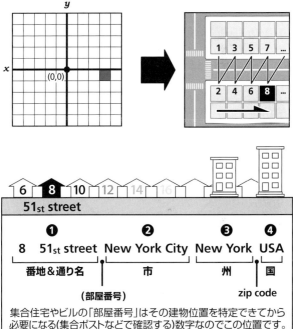

❶	❷	❸	❹
8 51st street	New York City	New York	USA
番地＆通り名	市	州	国
(部屋番号)		zip code	

集合住宅やビルの「部屋番号」はその建物位置を特定できてから
必要になる(集合ポストなどで確認する)数字なのでこの位置です。

英語は「立体 / 空間」をしっかり捉える言語

世の中に実際に存在するものは、すべて「**立体 (3D)**」、タテ×ヨコ×奥行きの3辺があります。私たちがいる空間も、人間という存在も、そして肉眼では見えない塵(ちり)や埃(ほこり)、分子や原子も立体です。
英語は、その立体や空間をしっかり捉える言語なので、立体 / 空間を意識することはとても重要です。

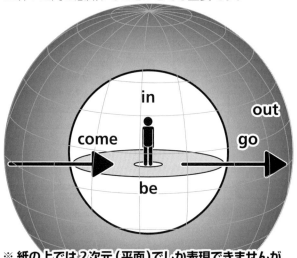

**※ 紙の上では2次元(平面)でしか表現できませんが
実際は3次元(空間)です**

ソト　　　　　ウチ　　　　　ソト
外 ← **内** → **外**

66

Come here.

I'm coming.

「来て」と言われて「今行くよ」と言う場合、「相手の空間に近づいて行く」のでcomeです。

Come here.

I'm going.

go＝相手の空間から離れて行く

I have a sharp pain in my back.

背中がすごく痛い。
(表面ではなく体の in (内側) の激しい痛み)

Is the pain gone yet?

痛みはなくなった?
(体の in (中) の痛みが gone (自分の外に行った))

The thought came to me.

具体的な考えが浮かんだ。
(考えが頭の中に come (やって来る))

Let it go.

そのことは忘れちゃいなよ。
(頭の中にあるそれを go (自分の外に行かせる))

「点・線・面・立体」の感覚をつかみましょう

↘	最小単位は **「点」**	0次元
———————	「点」が隙間なく並んだものが **「線」**	1次元
▓	「線」が隙間なく並んだものが **「面」** （点の集合体とも言えます）	2次元
▨	「面」が隙間なく並んだものが **「立体」** （点の集合体とも言えます）	3次元

← 「正方形の折り紙」が積み重なったものを想像してください

位置
（点）
0次元

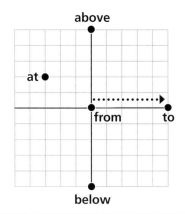

above

at ●

from ········▸ to

below

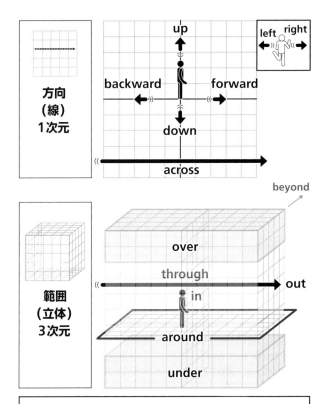

方向
(線)
1次元

up

backward   forward

left right

down

across

beyond

over

through

in

out

around

under

範囲
(立体)
3次元

今、あなたがいる空間で体感しましょう

あなたがいるのは3次元空間(部屋・広場・大自然など)の中です。そして、あなた自身も、身長×左右の幅×胸背の厚みがあるので3次元です。そのことを意識した上で、前後左右上下を見回して、各単語が表す意味を体感してください。

物理的描写	日本語は人とモノとで表現を分けることが多いですが、英語では「物理的な位置・動き・状態などが同じなら、使う動詞や形容詞などは同じ」です。

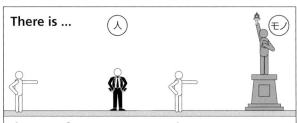

There is ...

There's a famous person.
有名人が「**いる**」よ

There's a statue.
銅像が「**ある**」よ

take ... out

I took her out.
私は彼女を外に「**連れて行った**」

I took it out.
私はそれを外に「**持って行った**」

もちろん、人にしか使わない語句、モノにしか使わない語句はありますが、「人 - モノ兼用」のほうが圧倒的に多いです。この原則を知っておくと、語句の選定に迷うことが減り、英語での表現が英語らしく簡潔にできるようになります。**人でもモノでも ● ○ (黒マル / 白マル) に置き換えて、それらの関係を単純に描写するのがコツです。**

多義語になる最大要因は「日本語訳」

「英語は多義語が多い」と言う人がたくさんいますが、大きな誤解です。左の例からわかるように、「**多義語になってしまう最大の要因は、表現が豊かで細やかな日本語**」にあります。ジェスチャー（身振り手振り）や簡単な絵で表現しようとしたら同じ感じになるなら、人でもモノでも使う動詞、形容詞は基本的に同じです。

「このワインは何年物?」、「この家は築何年?」、「この赤ちゃんは生後何ヶ月?」、「このお肉は何日前の?」...

How old (is ...)?

(... は、出来てからどのくらい時が経っていますか?)

「私はカメラを所有しています」、「私は犬を飼っています」、「私にアイデアがあります」、「私は風邪をひいてます」、「私のスマホにはカメラが付いています」、「部屋はバス /トイレ付です」

have/has ...

(自分の空間の中[体の中、頭の中]、物体[空間]の中に ... がある)

I have a camera./I have a dog./I have an idea./I have a cold.
My phone has a camera./The room has a bathroom.

「和訳」よりも「絵訳」

**機械的に英語 ⇄ 日本語に変換せず、
実際の姿 (形・大きさ・数量など) や
感覚 (ビリッ!、ジ〜ンなど) など、
「五感を働かせて意味を捉える」
のが最も有効な学習法です。**

**和訳による意味のズレと時間のロスがなくなるので、
読解力・速読力・活用力などすべてがアップします。**

和訳を考えるのは頭の中で絵が描けた後です。

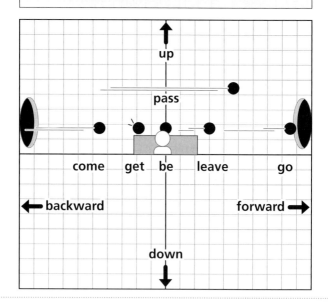

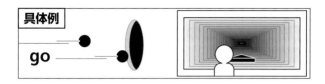

具体例

go

The car is going at 60 mph.

その車は時速60マイルで走っている。

mph = miles per hour

The price is going up.

それの価格が上昇している。

The project is going well.

その計画は順調だ。

The song goes like this.

その曲はこんな感じです。

This should go.

これは捨てよう [ゴミ箱行きだ]。

This goes here.

これはココだ [ココに入るものだ]。

「絵訳」のための 最強ツール

Q Google images [TM]
を活用しよう

TM = Trade Mark (商標)

Google images [TM]（グーグルの画像検索機能）は
英語学習者にとって最高の
「ピクチャー・ディクショナリー」です。

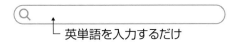

└─ 英単語を入力するだけ

例えば、**van**、**pickup**（自動車社会のアメリカではどちら
も基本語）。英和辞典では以下のような訳語が与えられ
ていますが、この訳語では実際の姿が浮かびません。

van ・・・・・・・・・・・・・ バン、（有蓋(ゆうがい)の）小型トラック

pickup (truck) ・・・・ {米}（無蓋(むがい)の）小型トラック

実際の形 ➡

van

小型[中型]のバス、
ワンボックスカー

pickup

後ろが荷台の車

TOEICの「写真描写問題（写真を見て、その描写
として正しいものを選ぶ Listening 問題）**」対策
としても非常に有効です。**

科学や数学の用語にも

日本語に訳してもよくわからない科学や数学の用語など
は特におすすめです。例えば、**atom** を**原子**と訳せても
原子がどんなものかを知っていないと意味がありません。
最低限、**atom**（原子）**と the earth**（地球）のイメージ
を頭に入れておくことで、科学に関する内容の英文が理解
しやすくなります。

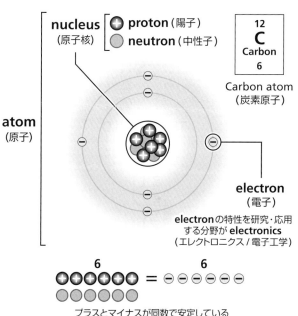

nucleus
（原子核）

⊕ **proton**（陽子）
◯ **neutron**（中性子）

12
C
Carbon
6

Carbon atom
（炭素原子）

atom
（原子）

electron
（電子）

electronの特性を研究・応用
する分野が **electronics**
（エレクトロニクス / 電子工学）

6　　　　　　　　　6
⊕⊕⊕⊕⊕⊕ = ⊖⊖⊖⊖⊖⊖
◯◯◯◯◯◯

プラスとマイナスが同数で安定している
※実際の姿は立体です。

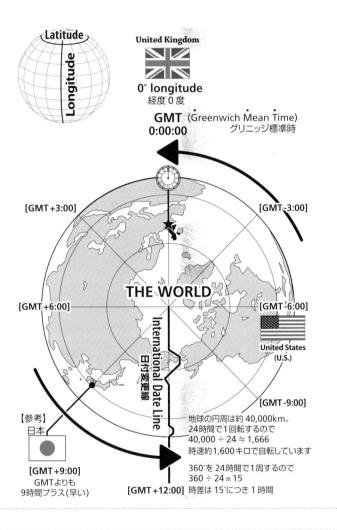

Latitude
Longitude

United Kingdom

0° longitude
経度 0 度

GMT (Greenwich Mean Time)
0:00:00
グリニッジ標準時

[GMT +3:00]　　　　　　　　[GMT -3:00]

[GMT +6:00]　　　　　　　　[GMT -6:00]

THE WORLD

International Date Line
日付変更線

United States (U.S.)

[GMT -9:00]

地球の円周は約 40,000km。
24時間で1回転するので
40,000 ÷ 24 ≒ 1,666
時速約1,600キロで自転しています

360°を 24時間で1周するので
360 ÷ 24 = 15

【参考】
日本

[GMT +9:00]
GMTよりも
9時間プラス(早い)

[GMT +12:00]　時差は 15°につき 1 時間

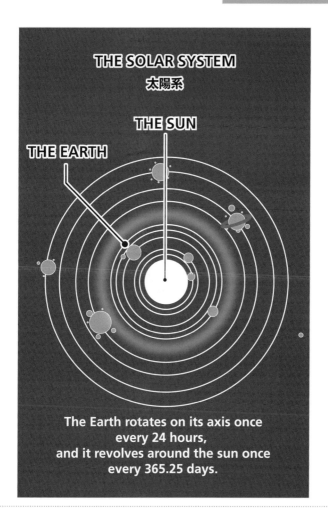

THE SOLAR SYSTEM
太陽系

THE SUN

THE EARTH

The Earth rotates on its axis once
every 24 hours,
and it revolves around the sun once
every 365.25 days.

読み方　「左」→「右」
「中心」→「部分」→「全体」

語順だけでなく英語に関するあらゆることは**「左から右に」**素直に読みましょう。数式も「左から右に」順々に計算していくことは当然ご存知でしょうが、分数や単位などの「数学・科学に関する用語は盲点」です。翻訳された際に**「読みの前後が逆転」**してしまったものがたくさんあります。

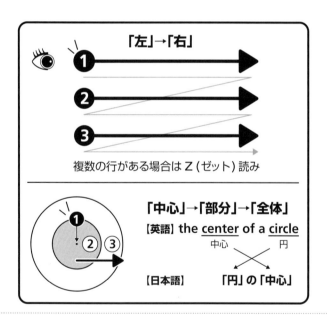

【Speed（速さ）】　[英語読み]　(日本語読み)

60 km/h

sixty kilometers per hour

時速 60 キロ
1時間あたり60キロ

この表記で「速さの公式」が覚えられます。速さ＝距離(Distance) / 時間(Time)

【Fraction（分数）】

$\frac{2}{5}$　$\frac{2}{5}$

two fifths
または
two over five

5 分の 2
5のうちの2

「$\frac{1}{5}$ (a fifth)が2つ」で two fifths

【部分→全体】

a part of a whole　全体の一部

one of them　それらのうちの1つ

【Molecule（分子＝atoms（複数の原子）が結合したもの）】

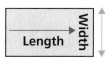
CO₂

Carbon dioxide　二酸化炭素
炭素　 2 酸素 化

【Rectangle（長方形）の面積】

Length　Width

Area =
Area　is
Length × Width
Length　times　Width

面積 =
縦(タテ)×横(ヨコ)

【解説】長方形の面積は「タテ×ヨコ」ではない???

ちょっと混乱しますね。「タテ書きの日本語」の影響があるかもしれません。右の絵のように捉えてみてください。「視点」が重要です。床に描かれた長方形を想像してください（**❶**）。次に、その長方形の面を立ち上げます（**❷**）。

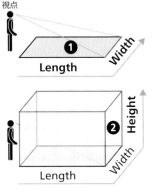

わかりましたか?

長方形の面積（**平面**）にHeightを使ってしまうと、直方体の体積（**立体**）を表す時に不都合が生じてしまいます。

【直方体の体積：Length × Width × **Height**】

壁面やポスターなど、垂直に立つものの「ヨコ×タテ」なら、Width × **Height**です（**❸**）。

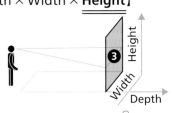

Length, Width, Heightの示す場所は固定であることを**❶ ❷ ❸**で確認してください

I'm in 2D.
私は二次元で描かれている

「日本語での常識」に惑わされないよう、絵を浮かべて考えることが大事です

【English】　　　　　　　　　　【日本語】

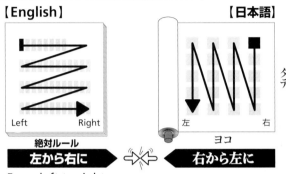

絶対ルール
左から右に　⟵ ⟶　**右から左に**

From left to right

日本語の縦書きの場合、既に読んだ部分は「右」、これから読む部分は「左」となりますが〈(例) 右の通り、右記参照など〉、英語は横書きなので既に読んだ部分は「**上 (above)**」、これから読む部分は「**下 (below)**」です。

| the first half | the second half |

🕐 ❶　　　　　　❷　　　　　　　　➤

日本語は、全体の時間を2つに分ける時「**上と下**」、「**前と後**」(上半期・下半期、前半戦・後半戦など)という複数の表現がありますが、英語では基本的に左から右に「**1番目の** (the first ...)、**2番目の** (the second ...)」という1種類です。

日本を走るバス、トラック、タクシーなどのボディーに書かれている社名などの表記が「右側面と左側面で向きが逆」になっているものがあるのに気づいていましたか?

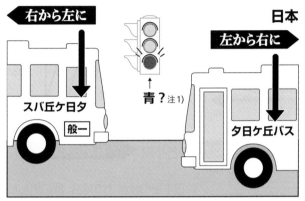

右から左に

日本

左から右に

スバ丘ケ日タ

般一

青?注1)

夕日ケ丘バス

注1) 実際の信号の色は「緑 (green)」ですが、日本では「青」と言います。「青物野菜」「青リンゴ」なども blue ではなく green です。実際の色を見て判断しましょう (※日本の伝統色では草木の色を「蒼 (**あお**)」と表現することが影響していると考えられます)。

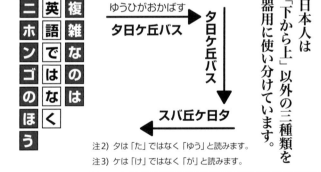

複雑なのはなく英語ではニホンゴのほう

ゆうひがおかばす
夕日ケ丘バス

夕日ケ丘バス

スバ丘ケ日タ

日本人は「下から上」以外の三種類を器用に使い分けています。

注2) 夕は「た」ではなく「ゆう」と読みます。
注3) ケは「け」ではなく「が」と読みます。

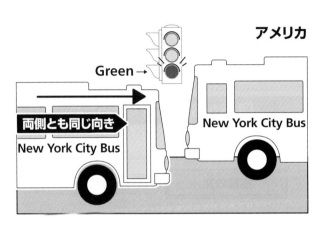

アメリカ

Green→

両側とも同じ向き

New York City Bus

New York City Bus

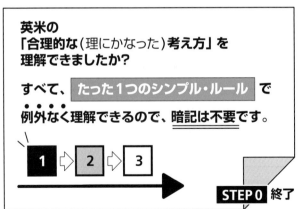

英米の
「合理的な(理にかなった)考え方」を
理解できましたか?

すべて、 たった1つのシンプル・ルール で
・・・・
例外なく理解できるので、暗記は不要です。

1 ⇨ 2 ⇨ 3

STEP 0 終了

文法編に
進む前に再確認！

〈P.9 WHAT'S THE つじつ？より〉

英文法を学ぶ目的はただ１つ

「主旨が明解な文」を作るため

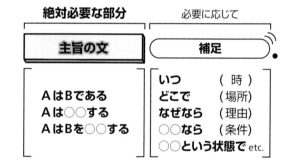

絶対必要な部分　　　　　必要に応じて

主旨の文　　　　　　　　補足

AはBである **Aは○○する** **AはBを○○する**	**いつ**　　（ 時 ） **どこで**　（場所） **なぜなら**（理由） **○○なら**（条件） **○○という状態で** etc.

このSTEPで学んだことを活かして
ゆっくり・丁寧に・考えながら
取り組んでください。

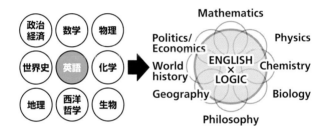

総合1科目に繋がる
「本物の英語力（English × Logic）」を
目指して。

267
pages

THE DUO

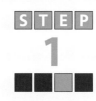

STEP
1

「主旨が明解な文」の組み立て方

156
pages

主旨の文 **60**ページ

「主旨の文」+補足 **52**ページ

否定文・疑問文・命令文・倒置文 **44**ページ

主旨の文
主旨を簡潔に述べる

★ 文型・構文を操るのは「動詞」です

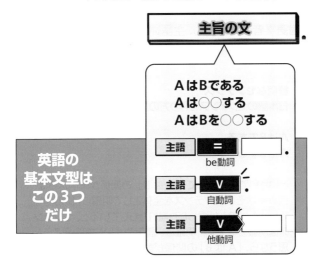

主旨の文

AはBである
Aは○○する
AはBを○○する

主語	＝	
be動詞

| 主語 | V | |
自動詞

| 主語 | V | |
他動詞

英語の
基本文型は
この3つ
だけ

英語力 = 論理的な日本語力

英語でも日本語でも、論理的で明解な文である要件は全く同じ「主語と述語をはっきり示すこと」です。

日本語は主語を省略したり、動詞（述語）を省略することがあるので、無意識のうちに論理がずれたり、主旨が曖昧になってしまうことがよくあります。

日頃使う日本語の中で主語、述語、そして目的語をしっかり意識するだけでも英語で文を組み立てる能力は確実に向上します。

簡潔に言えば、

「英語力＝論理的な日本語力」です。

国語学者の大野晋も、主語述語をはっきり示すことの重要性を語っています。『日本語練習帳』〈岩波新書(P. 57)〉

鮮明なセンテンス

日本語のセンテンスの作り方の最も基本の文型の一つは、

AはBである。
AはBする。

という形です。そして「A は B」の関係が鮮明ならば、読み手はそのセンテンスを全体として明確に読めます。もし「A は B」が歪んだり崩れたりしていると、センテンスは明確さを欠く。明確な、読みやすい文章を書こうと思うなら、「A は B」の関係が鮮明な文をお書きなさい。

大野晋の言う「最も基本の文型」を英語に変換すると次のようになります。

AはBである。

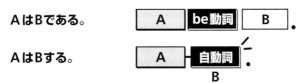

AはBする。

英語にはもう1つ、重要な基本の文型があります。
「... を、... に」などの意味が既に含まれている「他動詞」による文型です。

AはCをBする。

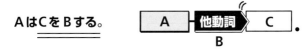

以上3つが英語の基本文型です。

全文型に共通すること ・・・「最初に主語を明示する」

I'm a marathon runner.　私はマラソンランナー。

I run.　　　　　　　　　私は(普段)走っています。

I run a marathon.　　　　私はマラソンを走ります。

英語の動詞は 3 種 類

> 「動詞」の用法を正しく理解すれば
> 英文法学習の半分以上が不要になります。
> なぜなら、
> 多彩な文型や構文などを操るのは
> 「動詞」だからです。

be動詞　　| 主語 | = | |　.

(イコールで結ぶ)

自動詞　　| 主語 |— V |　.

(自己完結型)

他動詞　　| 主語 |— V ＞ |　.　| | |

(後ろの要素に直接動作を及ぼす)

日本で教わる英語の 5 文型とは ...

第 1 文型とは自動詞の文、
第 2 文型とは be 動詞の文、
第 3, 第 4, 第 5 文型とは「他動詞の文」です。

「他動詞」と「自動詞」

他動詞は英語で transitive verb、他を動かす詞です。
海外旅行でよく聞くトランジット (transit) は「中継(地)」
という意味ですので【transit+ive(形容詞語尾) verb
(動詞)】は「**主体 (主語) の動作を中継し、対象につな
げる役割を果たす動詞**」です。
自動詞は intransitive verb【in(=**NOT**) transitive】。
他を動かすことはない「自己完結型の動詞」。
自動詞か他動詞かをしっかり区別することは、英語力を効
率よくアップさせるためにとても重要です。

鍵は、複数の文型を操る「他動詞」

自動詞、be 動詞はそれぞれ文型が 1 つなのに対し、他動
詞は複数の文型 (第 3 文型、第 4 文型、第 5 文型) を
操ります。一見複雑そうに感じられますが**「後ろに続く
部分は 1 つのまとまり」だと考える**とシンプルに捉えら
れるようになります。

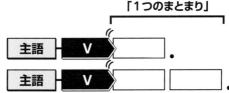

「1 つのまとまり」

| 主語 | V | . |
| 主語 | V | | . |

「主旨の文」の基本文型を
4ページに
まとめました。

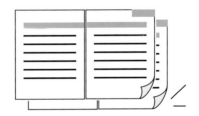

一つ一つの単語ではなく
「1つの意味のまとまり」を捉える
のがポイントです。

STEP 0 の **語順** (P.48-55) を復習してから
始めてください。理解が速く確実になります。

基本5文型を3つに整理する

be動詞の文　Sは□□□である

| 主語 | be動詞 | 名詞 . |
| 状態語句 . |

be

be動詞は「＝(イコール記号)」
とシンプルに考えましょう
(主語の「性質・状態」を表す)

自動詞の文　Sは●●する

| 主語 | 自動詞 |

S = subject（主語）、V = verb（動詞）

ポイント 　　部分　　は「1つのまとまり」

I'm a student.	私は学生です。
I'm busy.	私は忙しい。
I'm working.	私は仕事[作業]中です。
I'm at work.	私は仕事中です[職場にいます]。
I'm excited.	私はワクワクしています。
I'm here.	私はここにいます。
I'm in my room.	私は自分の部屋にいます。

I work.	私は働いています。
I stopped.	私は動きを止めた。
Something happened.	何かが起こった。

他動詞の文　Sは□□□を●●する

ポイント この部分は「1つのまとまり」

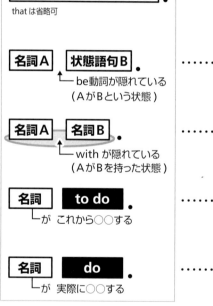

主語 ─ 他動詞 → 名詞 ．　……

(that) 文 ．　……
that は省略可

名詞A 状態語句B ．　……
└─ be動詞が隠れている
（AがBという状態）

名詞A 名詞B ．　……
└─ with が隠れている
（AがBを持った状態）

名詞 to do ．　……
└が これから○○する

名詞 do ．　……
└が 実際に○○する

······ **I like it.**

I like(私は ... が好き) it(それ) 私はそれが好き。

······ **I know that you like it.**

I know(私は ... を知っている) that you like it (君はそれが好きだということ) 私は君がそれを好きということを知っている。

······ **That made me excited.**

〈→P.120〉

That made(そのことは ... を作った) me が (be) excited (私がワクワクしている状態) そのことが私をワクワクさせた。

······ **She made me pizza.**

〈→P.126〉

She made(彼女は ... を作った) me pizza (私がピザを手にした状態) 彼女は私にピザを作ってくれた。

······ **I want you to do it.**

I want(私は ... を欲する) you to do it (君がこれからそれをするということ) 私はあなたにそれをして欲しい。

······ **She made me do it.**

〈→P.120〉

She made(彼女は ... を作った) me do it (私がそれをするという状態) 彼女は私にそれをさせた。

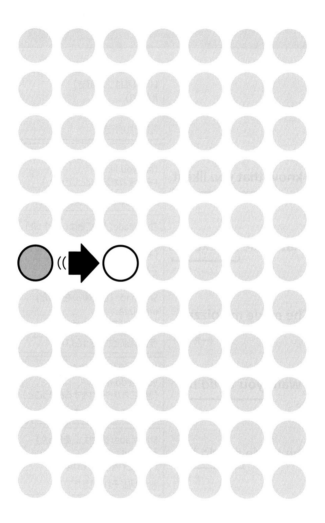

解説 と 補足

この章でカバーしている
主な文法事項

自動詞、他動詞
SV、SVO、SVC
SVOO、SVOC
目的語、補語
to 不定詞、原形不定詞
動名詞
現在分詞、過去分詞
使役動詞の文型
付帯状況構文
※文法用語を覚える必要はありません

「get... と be...」はセットで覚える

例えば、He got angry. は「彼は怒った(平常な状態から怒っているという別の状態に変化した)」という変化の瞬間を、He's(=He is) angry. は He got angry. の後に続く「怒っている」状態を表します。

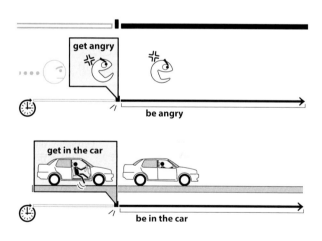

get (... という状態になる)	**be (... という状態である)**
get excited ワクワクした気分になる	**be excited** ワクワクしている
get on a bus バスに乗る	**be on a bus** バスに乗っている
get into trouble トラブルになる	**be in trouble** トラブルを抱えている
get over it それを克服する	**be over it** それを克服している
get used to it それに慣れる	**be used to it** それに慣れている

「get... と have...」も同様の関係です。

get ... (... を得る) 変化の瞬間	**have ...** (... を持っている) その後の状態
get a car 車を買う	**have a car** 車を持っている

get...(... になる) の仲間

「... になる」は get が基本です (同意語の become 【be+come】はフォーマルな語)。

類義語

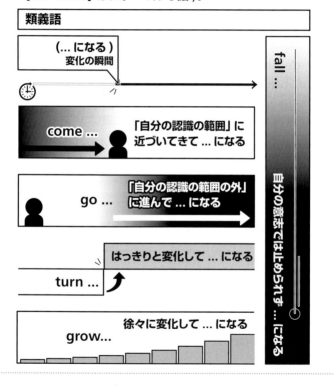

(... になる)
変化の瞬間

fall ...

come ...　「自分の認識の範囲」に
近づいてきて ... になる

go ...　「自分の認識の範囲の外」
に進んで ... になる

自分の意志では止められず ... になる

はっきりと変化して ... になる
turn ...

徐々に変化して ... になる
grow...

come

come true 本当になる、実現する
come out (事実などが) 明らかになる
come loose (締めたものが) ゆるむ

go

go bad (食材などが) 悪くなる
go broke お金がなくなる
go dead (機器などが) 動かなくなる

turn

turn green 緑に変わる
turn upside down 上下逆さまになる
turn cold 急に寒くなる

grow

grow up 大人になる
grow old 年を取る

fall

fall asleep 居眠りしてしまう
fall in love (with her) (彼女に) 恋してしまう
fall victim (to it) (それの) 犠牲者 [被害者] になる

be 動詞の仲間

A is B は「A=B である」という「事実の描写」です。
「感覚、聴覚、触覚、視覚、嗅覚、味覚で判断する限り
A=B である」という場合には以下の動詞を使います。

seem	《感覚的に》... だと思える (≒appear)	
sound	《聞いた [読んだ] 感じ》... である	
feel	《触れた感じ・心で感じて》... である	
look	《見た感じ》... である (≒seem)	
smell	《嗅いだ感じ》... である	
taste	《味わった感じ》... である	
be	《事実》... である	**=**

★否定はdon't/doesn't +(上記の)動詞

例) That doesn't sound good. (それは良くないなあ)

That seems good.　　　それ、いいかも知れない。

That sounds good.　　　それ、(聞いた感じ) 良さそう。

This feels good.　　　これ、いい感触 [感じ]。

This looks good.　　　これ、(見た感じ) 良さそう。

This smells good.　　　これ、いい匂い。

This tastes good.　　　これ、美味しい。

This is good.　　　これはいい。

★名詞を続ける場合は「(左記の) 動詞 + like + 名詞」
例) It seems like a dream. (それは夢のよう)

動詞のカタチによる意味の違い

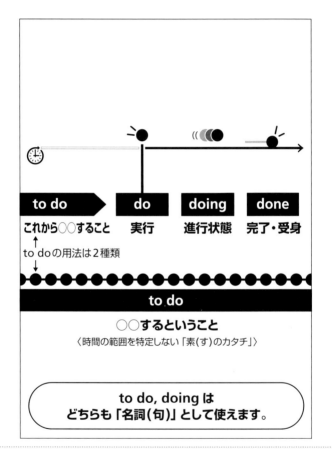

to do	do	doing	done
これから○○すること	実行	進行状態	完了・受身

to doの用法は2種類

to do

○○するということ
〈時間の範囲を特定しない「素(す)のカタチ」〉

> ### to do, doing は
> ### どちらも「名詞(句)」として使えます。

to do
これから○○すること

I'm going to dance.
これから踊ります。

I want to dance.
踊りたい。

to do
○○するということ

I like to dance. ●
踊ることが好き。

To dance is fun.
踊ることは楽しい。

do
実行

I made him dance.
彼に踊らせた。

Dance!
踊れ!

ほぼ同意

doing
進行状態

I like dancing. ●
(実際に)踊るのが好き。

I saw him dancing.
彼が踊っているのを見た。

done
完了・受身

I have danced for two hours.
2時間踊ったところ。

I had my dance <u>recorded</u>.
私の踊りを録画してもらった。

「状態語（句）」

 「形容詞、現在分詞、過去分詞、副詞」は すべて「状態・性質を表す語」と大まかに 捉えたほうが、断然使いやすくなります！

用例	日本で教わる文法的説明
I'm **busy.** 私は忙しい。	busy (忙しい) は**形容詞**
I'm **here.** 私はここにいます。	here (ここに) は**副詞**
I'm **at work.** 私は仕事中です。	at work は**前置詞句 [副詞句]**
I'm **working.** 私は仕事中です。	be + **現在分詞**で「**現在進行形**」
I'm **surprised.** 私は驚いている。	be + **過去分詞**で「**受動態**」
I've **arrived.** 今、到着しました。	have + **過去分詞**で「**現在完了形**」

【分詞】ヨーロッパ諸語などの文法で、動詞が語形変化して**形容詞的に用いられるもの**〈デジタル大辞泉〉

このように辞書にも書かれているので、現在分詞とは「○○している状態の」、過去分詞とは「○○した[○○された]状態の」という意味の形容詞と捉えて全く問題ありません。

文法用語を減らそう
MAKE IT SIMPLE

すべて、「状態・性質」を表す語(句)

I'm (私は)	busy	忙しい (状態)
	here	ここにいる (状態)
	at work	働いている (状態) 職場にいる (状態)
	working	働いている (状態)
	surprised	驚かされた (状態)
I've (=I have)	arrived	到着した (状態) 【have arrived = arrived という状態を現在 have している → 今到着した状態だ】

シンプルに 状態語句 と捉えましょう！

ここに紹介した 6 例だけでなく、分詞構文 (→P.168)
などの構造もシンプルに捉えられるようになります。

-ing 形と -ed 形

動詞（原形）の語尾を -ing, -ed(-en) にするだけで
状態語（形容詞）がカンタンに作れます

このルールさえ覚えておけば
「-ing, -ed 系の形容詞」は暗記不要です！

-ing	○○している [○○に進んでいる]（状態の）	進行
	○○する、（対象を）○○させる（性質[目的]の）	性質・目的

-ed	○○が完了した（状態の）	完了
	○○された（状態の）	受身

例	surprise... (... を驚かせる)	surprising （(人を)驚かせる） surprised （(人が)驚かされた）

It's surprising to me.　　それは私にとって驚きだ。
I'm surprised by it.　　　私はそれに驚かされた。

surprising news　　　人を驚かせるニュース→驚きのニュース
a surprised look　　　驚かされたような表情→驚きの表情

STEP 0 の (P.54,55) も参考にしてください。

日本語の「○○という状態[状況 / 性質 / 性格]の」は
英語では「**形容詞1語だけ**」で表現できます。

雨が激しく降っている状況です。→ **It's raining hard.**
彼はシャイな性格です。　　　 → **He's shy.**

-ing 形と -ed 形

動詞から ━━━━━━━ 2つの形容詞を作る

develop(...)	┌ **developing**	発展している、発展中の
(発展する、…を発展させる)	└ **developed**	発展が完了した

excite...	┌ **exciting**	(人を)ワクワクさせる
(…をワクワクさせる)	└ **excited**	(人が)ワクワクしている

disappoint...	┌ **disappointing**	(人を)がっかりさせる
(…をがっかりさせる)	└ **disappointed**	(人が)がっかりしている

bore...	┌ **boring**	(人を)退屈させる
(…を退屈にさせる)	└ **bored**	(人が)退屈している

frighten...	┌ **frightening**	(人を)怖がらせる
(…を怖がらせる)	└ **frightened**	(人が)怖がっている

:

日本語にすると違いがわかりにくくなります。シンプルに「進行中」か「完了」か、「人を○○させる」か「人が○○している」かで区別しましょう。

> 日本語として定着しているカタカナ語も語尾 (-ing(イング)、-ed(ドゥ/トゥ)) をしっかり発音するだけで正しい English として使えるものがたくさんあります。

-ing 形 (性質・目的の)

a frying pan　　　　　フライパン【炒めるための鍋】

drinking water　　　　飲用水【飲むための水】

a shopping bag　　　　買い物用のバッグ【買い物をするための
バッグ】

a gardening tool　　　ガーデニングの道具【庭いじりするため
の道具】

-ed 形 （○○された ）

iced tea
[トッ]　　　　　アイスティー【氷で冷やされたお茶】

bottled water
[ド]　　　　　ペットボトルの水【ボトルに詰められた
水】

dried fruit
[ド]　　　　　ドライフルーツ【乾燥された果物】

stained glass
ステイン [ド]　　　　ステンドグラス【ステイン（色付け）され
たガラス】

a parked car
[トッ]　　　　　駐車した車【運転手によって駐められた
車】

smoked salmon
[トッ]　　　　　スモークサーモン【燻製にされた鮭】

程度を表す

【程度】	SO 《強意語》
100%	very extremely really
	pretty fairly rather quite
▶ 50%	※人によって捉え方に差があります。
	somewhat slightly a little
	a (little) bit sort of / kind of
0%	not (at all)

「具体的な数値 (10 cm, 70% など)」も同じように使うことができます。

very	tall	とても背が高い
pretty	〃	結構背が高い
6 feet	〃	高さ 6 フィートの

much	taller than me	私よりずっと背が高い
far	〃	私よりはるかに背が高い
a bit	〃	私よりちょっと背が高い
2 inches	〃	私より2インチ背が高い
a head	〃	私より頭一つ分背が高い

It's **30 centimeters** long.
長さは 30 センチ。

It's **one meter** deep.
深さは 1 メートル。

It's **about two miles** away from here.
ここから 2 マイルぐらい離れたところにあります。

The event is **a week** away!
イベントまであと一週間。

He's **several miles** ahead of us.
彼は私たちよりも数マイル先にいる。

I'm **500 yen** short.
500 円足りない。

He's **two years** older than me.
彼は 2 歳年上です。

This house is **three times** larger than mine.
この家はうちよりも 3 倍広い。

I got there **10 minutes** early/late.
10 分早く [遅れて] そこに着いた。

119

「1つのまとまり」として捉える

 動詞の後に1つではなく、2つ以上の要素が並んでいても、それらが「文のような構造をしている」ことに気づくと、シンプルに捉えられるようになります。

例 1) make 「... を作る」

make **pizza** は「**ピザ**」を、
make **me happy** は「**I am happy という状態**」を、
make **me smile** は「**I smile という状態**」を、
「**作る**」です。

この部分は「1つのまとまり」

make pizza

... を作る **ピザ〈名詞〉**

ピザを作る

make me happy

me が (be) happy という状態

私を明るい気分にする

make me smile

me が smile という状態

私を笑顔にしてくれる

例 2) like 「... が好き」

この部分は「1つのまとまり」

like steak

... が好き **ステーキ 〈名詞〉**

ステーキが好き

like to cook

料理をすること 〈to+動詞の原形〉

料理をするのが好き

like cooking

料理をするという行為 [活動] 〈動名詞〉

料理をするのが好き

like what you cook

what (もの) ←you cook (あなたが料理する)

あなたが料理するものが好き

like whatever you cook

whatever (あらゆるもの) ←you cook (あなたが料理する)

あなたが料理するものは何でも好き

like my steak well done

my steak が (be) well done された状態

よく焼いたステーキが好き

「隠れbe動詞」

文のような構造の中に「隠れているbe動詞」を意識すると、英語の構文の仕組みがよくわかります。

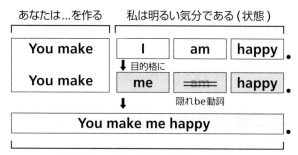

あなたは...を作る　　私は明るい気分である(状態)

| You make | I | am | happy |
| You make | me | ~~am~~ | happy |

↓目的格に　　隠れbe動詞

↓

| You make me happy |

あなたは私を明るい気分にしてくれる。

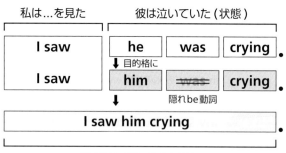

私は...を見た　　彼は泣いていた(状態)

| I saw | he | was | crying |
| I saw | him | ~~was~~ | crying |

↓目的格に　　隠れbe動詞

↓

| I saw him crying |

彼が泣いているのを見た。

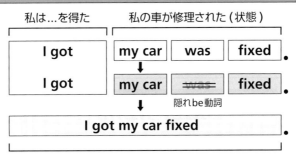

私は車を修理してもらった。

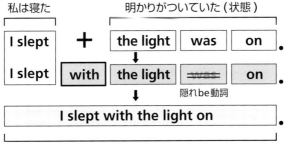

私は明かりをつけたまま寝た。

《なぜ、主格を目的格に変えなければいけないの？》
なぜなら、「主格は文の主語にしか使えない形」だからです。

主格	I	we	he	she	they	左記以外は
目的格	me	us	him	her	them	同形

記事などの見出し (headline) にも
要旨を簡潔に表現するために
「隠れbe動詞」形 が使われます。

be to do = これから○○する
PM = Prime Minister (首相)
N. = North (北)

■ **略語が使われます。**

■ **a, the などの冠詞が省略されます。**

「隠れ be 動詞」形 （▲の位置に be 動詞が隠れている）

これから	### Japan's PM to visit N. Korea 　　　　　▲ (is) 日本の首相北朝鮮訪問予定 [訪問が決まる]
現状	### Japan's PM under fire over scandal 　　　　　▲ (is) 日本の首相不祥事で集中砲火を浴びている
受身	### Over 200 killed in plane crash 　　　　▲ (were) 墜落事故で 200 人以上の命が奪われる

記事を書く時点で実現/完了していることは「普通形」

※ いわゆる「**現在形**」(→P.253)

実現	### Japan's PM visits N. Korea 日本の首相北朝鮮訪問 (した)

略語	実際にニュースなどを読む中で少しずつ覚えていけば OK

gov't	government	政府
LDP	Liberal Democratic Party	(日本の)自民党
GOP	Grand Old Party=Republican Party	(米国の)共和党
MP	member of parliament	(英国の)下院議員
⋮		

日本でも使われる略語を確認しておくのも有効な学習法です
（「現代社会 (科目)」の勉強にもなります）。

UN	The United Nations	国連、国際連合
GDP	Gross Domestic Product	国内総生産 (額)
OPEC **⋮**	The Organization of the Petroleum Exporting Countries	石油輸出国機構

「隠れ with」

後ろに2つの名詞を並べることができる
GIVE系、MAKE系、TAKE系の動詞は、
2つの名詞の間に with が隠れていると考える。

GIVE系の動詞

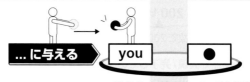

you が ● を with (持っている) 状態

give	you	something	·········
lend	you	something	·········
tell	you	something	·········
teach	you	something	·········
show	you	something	·········

日常よく使う GIVE系動詞は「隠れ with」の形が多いですが、
フォーマルな動詞では、**隠れていた with が現れます。**

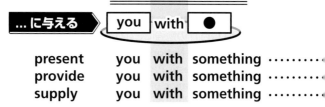

present	you	with	something	·········
provide	you	with	something	·········
supply	you	with	something	·········

MAKE 系の構文

「GIVE 系」「自分が持っている何か」を「youが持っている状態」にする

| 自分がwithする何か | を | youがwithしている状態 | にする |

- ..... youに「何か」を与える　　　　　→ youに○○を**与える**
- ..... youに「所有物」を一時的に与える → youに○○を**貸す**
- ..... youに「情報」を与える　　　　　→ youに○○を**伝える**
- ..... youに「知識」を与える　　　　　→ youに○○を**教える**
- ..... youに「見えるもの」を与える　　→ youに○○を**見せる**

- ..... フォーマルな形式に則って（のっと）giveする
- ..... 目的にかなうものをgiveする
- ..... 目的にかなうものを安定的[継続的]にgiveする

MAKE系の動詞

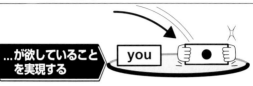

...が欲していること を実現する	you		
make	you	something	·········
cook/fix	you	something	·········
buy/get	you	something	·········
get/bring	you	something	·········

TAKE系の動詞

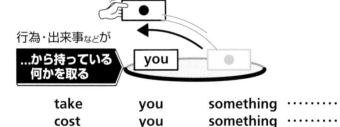

行為・出来事などが

...から持っている 何かを取る	you		
take	you	something	·········
cost	you	something	·········
save	you	something	·········

TAKE が GIVE 系 ? … 数学的に考えてみましょう

「... から持っているものを取る ＝ ... に**マイナスを与える**」ということ

【例】あなたが持っている ３ を取る ＝ あなたに -3 を**与える**

「MAKE系」「まだそこにはない何か」を新しく作ったり、どこかから持って
きたりして「youが持っている状態」にする

| withoutの状態 | を | youがwithしている状態 | にする |

- ····· youに**作る**　　　何か　→youに○○を**作ってあげる**
- ····· youに**料理する**　何か　→youに(料理)を**作ってあげる**
- ····· youに**買う**　　　何か　→youに○○を**買ってあげる**
- ····· youに**取ってくる**　何か　→youに○○を**取ってきてあげる**

「TAKE系」「youが持っている状態」を「もう持っていない状態」にする

| youがwithしている何か | を | withoutの状態 | にする |

- ····· youから時間・労力などを**取る**
- ····· youから対価・代償などを**取る**
- ····· youから面倒・苦労などを**取る**

 It cost me $5.

それは私に5ドルのマイナスを与えた(それに5ドルかかった[払った])

「GIVE 系」、「MAKE 系」の語順について

語順は「主体の意識が強く働く順/大事な方を先に言う」が基本
ですが、前置詞を使って動詞の後ろの語順を入れ替えることが
できます。

GIVE 系

A B

「相手（you）」をより強く意識

give you something

give	A B
show	A B
tell	A B
teach	A B
promise	A B

↓
to で書き換え

B to A

「渡す物（something）」をより強く意識

give something to you

give	B to A
show	B to A
tell	B to A
teach	B to A
promise	B to A

to

toは「到達点」を表します。従って、GIVE 系の動
詞との相性がよく、上のどちらでも意味はほぼ同
じで、話者がどちらを強く意識しているかの違い
だけです。

MAKE 系

A B

for で書き換え

B for A

「相手 (her)」をより強く意識
buy her something

buy/get	A B
make	A B
cook/fix	A B
get/bring	A B

「渡す物 (something)」をより強く意識
buy something for her

buy/get	B for A
make	B for A
cook/fix	B for A
get	B for A

for

for... は「... のことを考えて /... を思い浮かべて」
という意味です。buy B for A は「Aのこと(好み
など)を考えてBを買う」という意味で、Aに渡し
たかどうかは明示していません。

「隠れmyself」

英語の辞書に「他動詞」としか載っていない動詞（take...、put...など）が自動詞のように使われる（目的語がない）場合があります（take off や put up with itなど）。
成句としての訳だけが与えられていて、なぜその意味になるかが想像できないものが多いですが、「**動詞の後ろにーself**(myself,itself, etc.)**が隠れている**」と考えると意味が理解できるようになります。

"take ... off" と "take off" で考えてみましょう

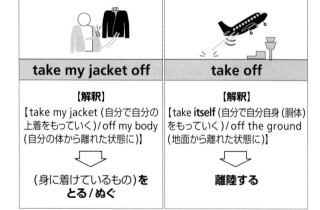

他動詞 take ...	自動詞 take
take my jacket off	take off
【解釈】【take my jacket（自分で自分の上着をもっていく）/ off my body（自分の体から離れた状態に）】	【解釈】【take **itself**（自分で自分自身（胴体）をもっていく）/ off the ground（地面から離れた状態に）】
（身に着けているもの）を**とる / ぬぐ**	**離陸する**

take to her
彼女を好きになる

【take myself / to her】
自分で自分の内面を持って行く / 彼女に至るまで

take to the streets
(人々が) デモに参加する

【take themselves / to the streets】
自分で自分たちの体を連れて行く / 複数の通りに

put up with it
それに耐える

【put myself / up / with it】
自分で自分の体を置く / 立った状態に / それと一緒に

pull away from him
彼から離れようとする

【pull myself / away / from him】
自分で自分の体を引く / 離れた状態に / 彼から

take to her

take to the streets

put up with it

pull away from him

助動詞

will, should などの助動詞 (modal verbs)は、日本語で覚えようとすると多義語になるだけでなく、意味にズレが生じたり、意味の違いがわかりにくくなります。

「主体(自分)の意志」と「それ以外の要因」の比《右の天秤モデル》で理解しておくと、それぞれの特徴がはっきりして使い分けがしやすくなります。

 定番の日本語訳は意味がズレています

特に、**will** の「...つもりだ、...だろう」は弱過ぎ、**should** の「...べき」は強過ぎです (will→P.270)。

〈デジタル大辞泉〉

【べき】
〔助動詞「べし」の連体形〕
① 当然のなりゆき、あるいは、そうなるはずの事柄
を述べる。
② 〔「べきだ」「べきである」などの形で〕義務づける
意味を表す。

> この定義に従うなら、**「べき」≒ must** です。

* **should** の訳語を1つだけ覚えるなら「べき」ではなく、
「したほうがいい (50%よりは上だが100%ではない)」。

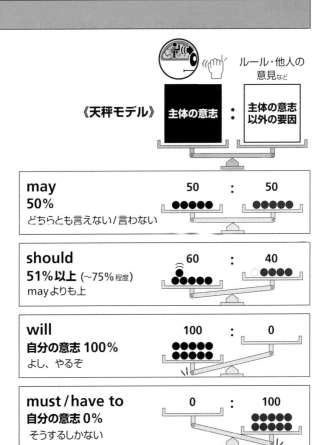

《天秤モデル》 主体の意志 ： 主体の意志以外の要因

ルール・他人の意見など

may
50%
どちらとも言えない/言わない

50 ： 50

should
51%以上 (〜75%程度)
mayよりも上

60 ： 40

will
自分の意志 100%
よし、やるぞ

100 ： 0

must/have to
自分の意志 0%
そうするしかない

0 ： 100

can（できる、可能性がある）は日本語とのズレはほぼありません。

【具体例】

する・しないの判断を求められている時、まだ迷っていてどちらともはっきり言えないなら **I may do it.** (するかもしれないし、しないかもしれない)。少し考えてわずかにプラスの方に気持ちが傾いたら **I should do it.** (したほうがいいかな)。さらに考えて「よし、やるぞ」と意志を固めたら **I will do it.**、自分の意志とは関係なくルールや状況的に「そうするしかない」なら **I must do it.** です。

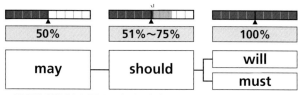

*50% は「どちらとも言えない中間」の意味です。

○○してもいいですか？

自分が何かをしたい時、相手に了解を求める基本の型は **Can I 〜?**。少し丁寧な感じを込めたいなら **Can** を過去形〈→P.286,287〉にして **Could I 〜?** で聞きます。どちらも「時間的、状況的にそれが可能かどうかを問う型」。この 2 つだけでほとんどすべての状況に対応できます。**May I 〜?** は、自分の意志を 50% に抑え、残りの 50% を相手に委ねます。「結構です」「ダメ」と拒否されるかもしれないと感じる時、または上品さや謙虚さを込めたい時に使うのがいいでしょう。

I can do it myself.
それ、自分一人でできます。

I will do whatever I can.
自分ができることは何でもします。

"You should do it." "Mm..., I may do it."
「それをしたほうがいいよ」「うーん、するかもしれないけど(しないかもしれない)」

I don't wanna do it but I must do it.
それをしたくはないけれど、しなければいけない。

wanna《口語》=want to

It should be okay.
まあ、(6,7割方)大丈夫だよ。

Should you need any assistance, please call us.
もし何かお困りのことがございましたらお電話ください。

should ≒ if

WILL

許可を受けていない車両は所有者の費用でレッカー移動されます

標識設置者の「レッカーするぞ」という意志

MUST

右車線は右折専用

あなたの意志は関係なく、法律で定められているから「従え」

「主体」を意識すると単語の意味が鮮明に

「see ...、look」や「hear ...、listen」など、日本語では
違いがわかりにくい単語も以下の基準で考えると違いが
明解になります。

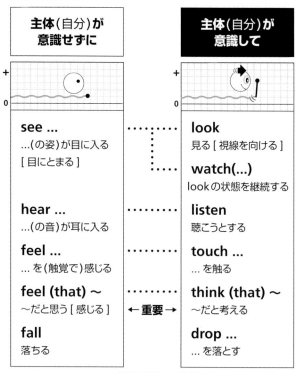

主体(自分)が 意識せずに		主体(自分)が 意識して
see ... ...(の姿)が目に入る [目にとまる]	··········	look 見る [視線を向ける]
		watch(...) lookの状態を継続する
hear ... ...(の音)が耳に入る	··········	listen 聴こうとする
feel ... ... を(触覚で)感じる	··········	touch ... ... を触る
feel (that) ~ ~だと思う [感じる]	← 重要 →	think (that) ~ ~だと考える
fall 落ちる		drop ... ... を落とす

*主要な意味での比較

また、主体が意識してする動作を表す動詞(「見る」_{など})に複数の類義語がある場合、「主体の意識の**強さと長さ**」に注目するとそれぞれの意味の違いが鮮明になります。

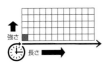

glance / take a quick look
弱　一瞬　　　　　ちらっと見る

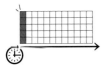

look / take a look
強　一瞬　　　　　注目する

stare
中　継続　　　　　じーっと見る

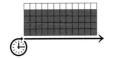

watch ...
強　継続　　　　　よーく見る

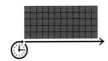

observe ...
最大　継続　　　　よーく観察する

「他動詞 ...」と「自動詞＋前置詞 ...」

他動詞があるにもかかわらず「自動詞＋前置詞」の形を
使う場合、動作と対象のつながりは間接的です。

直接 (他動詞▶名詞)

hear	it	それを直接聞く
know	it	それを直接知っている
grab	it	それを直接つかむ

間接 (自動詞 + 前置詞▶名詞)

hear	of	it	それを誰かを通して聞く
know	of	it	それを間接的に知っている
grab	at	it	それをつかみ取ろうとする

I can hear you.

(君が言っていることは) 聞こえてるよ。

"Do you know Jony Ive?"
"No, I've never heard of him."

「ジョニー・アイヴって知ってる?」
「いや、聞いたこと無いなあ。」

He grabbed me by the wrist.

彼は私の手首をぎゅっとつかんだ。【He grabbed me(彼は私を
ぎゅっとつかんだ)+《補足》by the wrist(手首の部分を)】

I grabbed at the rope, but missed.

ロープをつかもうとしたが、つかめなかった。

ride a bike
自らが運転するバイクに
乗る

直接 (他動詞▶名詞)

ride on a bike
誰かが運転するバイクに
乗る

間接 (自動詞 + 前置詞▶名詞)

動詞を覚える際は「短い綴りの代名詞」を活用しましょう

「自動詞用法だけの動詞か他動詞用法だけの動詞か」、
「目的語がモノか人か」が
簡単確実にわかります

「...」、「〜」、「何々 / 誰々」、「A,B」などで覚えるよりも
そのまま phrase として使えるので合理的です

| | **it.** | itを付けるだけで命令文 |
| **I** | **it.** | さらに**I**を付ければ日常的に使える例文が1本完成 (-ed など、一番使いそうな時制で覚えればさらに有効) |

例

rise		上がる
raise 🆔	**それ**	を上げる
lie		横たわる
lay 🆔	**それ**	を横にする
discuss 🆔	**それ**	を話し合う
mention 🆔	**それ**	を話題にする
resemble 🆔	**それ**	に似ている
tell 🆔	**私**	に伝える

紛らわしい自動詞・他動詞のペアも判別しやすくなります

自動詞	他動詞
rise [らィズ] (上がる)	**raise** *it* [れィズ] (それを上げる)
lie [ラィ] (横になる)	**lay** *it* [レィ] (それを横にする)

エイ！

He raísed *it.*

他動詞は他を動かす詞。

【英語の**エイ**は強い音】
日本人も力を込める時、
思わず「**エイッ**」と声が
出ませんか?

■ 熟語にも有効 ■

例		
turn ... on	▶ **Turn it on.**	それのスイッチを入れて。
be used to + (動)名詞	▶ **I'm used to it.**	それには慣れてるよ。
look foward to +(動)名詞	▶ **I look forward to it.**	それを楽しみにしています。
tell A from B 《通例 can —》	▶ **I can't tell this from that.**	これとそれの違いがわかりません。

【動名詞も「名詞」】

参考書などでよく見かける「+ **動名詞**」という表記のものは
「+ **it**」に言い換えて覚えたほうが応用しやすくなります。
「動名詞も名詞」ですから、「**it**」の場所に入れられます。

文型を決めるのは「動詞」です。

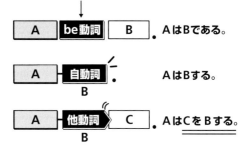

どんなに文が長くなってもその構造は変わりません。

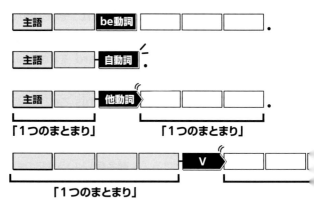

・・・・・・・
論理的な日本語も
述語(動詞)が最後になるという違いだけで
全く同じです。

日頃から「主語・述語をしっかり意識して」
日本語を使っていれば

・・・
確実に
英語力はUPします。

慣れるまでは以下の 2 つを実行しましょう。
(読む場合)

「主旨の文」の動詞を ⬭で囲む
意味のまとまりごとに / (スラッシュ)で切る

「1つのまとまり」

THINK (考える) は西洋的思考の土台です

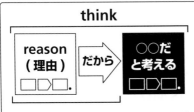

 頭の中で考えを組み立てる
ことができれば、そのまま
主旨が明解な文に変換でき
ます。

 日本語には、「〜 と思う」「〜 かと思う」「〜 かなと思う」
「〜 というふうに思う」「〜 と思われる」など柔らかな表現
が豊富です。主旨の内容に影響がないのなら、取ってしま
いましょう。

私は留学したいと思っています。

私は留学したい。 ← 主旨を簡潔に
述べる

I want to study abroad.

「主旨の文」には
敬語 (尊敬語・謙譲語・丁寧語) も不要です。

■ THINK に関する英単語

英単語	簡潔な定義	一般的な和訳
mind	頭 (脳の中心) 〈→P.46〉	心、精神
think	(合理的・論理的に) 考える	思う
opinion	考えて導いた自分なりの考え・意見	意見
study	考えて、理解しながら身に付ける	勉強する
logic	精度の高い、思考の組み立て	論理
philosophy	logic を使って考え抜く学問	哲学
science	logic と mathematics を使って考え抜く学問	科学

⚠ 「memorize... (暗記する)」は study ではありません。

I think, therefore I am.

デカルト (→P.47) の有名な命題「我思う、故に我あり」。
五七調〈われおもう(5)、ゆえにわれあり(7)〉の訳で覚え
ている人も多いでしょうが、**think** は「思う」ではなく「**考
える**」。合理的な思考法を基に探求を続けた彼の命題です
から、「私は常に **考えている**。ゆえに、私は実在である」
と訳すべきです。

「主旨の文」+補足

**前のパートで学んだ「主旨を簡潔に述べる文」に
「いつ、どこで、なぜなら」などを補足します**

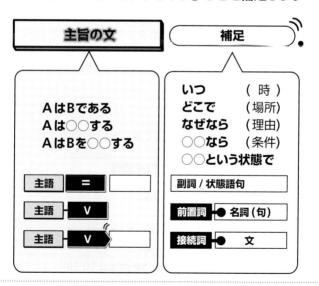

主旨の文	補足
AはBである Aは○○する AはBを○○する	いつ　　　　　（　時　） どこで　　　　（場所） なぜなら　　　（理由） ○○なら　　　（条件） ○○という状態で

主語　＝

主語　V

主語　V

副詞 / 状態語句

前置詞 ● 名詞（句）

接続詞 ● 文

「補足」というキーワード

まずは、日本語で考えてみましょう。
次の5つの文を読んでみてください。

明日	電話します。
1時に	電話します。
何かあったら	電話します。
向こうに着いたら	電話します。
話し合いたいから	電話します。

補足情報	主旨の文

主旨は「私はあなたに電話します」という意思を相手に
伝えることです。その前の部分は、長さはそれぞれ異なり
ますが、主旨に対する補足情報という点では同類です。

英語に変換してみます。
英語では基本的に主旨が先です。

主旨の文	補足情報

I'll call you	tomorrow.
	at one.
	if something comes up.
	when I get there.
	because we need to talk.

長さはそれぞれ異なりますが、主旨に対する補足情報という点では同類です。しかし、英文法書ではこれらを ....

副詞	（1単語　　　　　　　　　　　）
前置詞を伴う副詞句	（2単語以上　　　　　　　　　）
副詞節〈仮定〉	（従属接続詞（if）＋節　　　　）
副詞節〈時〉	（従属接続詞（when）＋節　　）
副詞節〈理由〉	（従属接続詞（because）＋節）

とそれぞれ違う項目で扱っているだけでなく、文法用語も難しそうなので、同類であることに気づきにくいです。これら以外にも、不定詞の副詞的用法、分詞構文、付帯状況構文と呼ばれるものがありますが、本質的にはすべて「主旨の文に添える **補足**」です。

という KEY WORD でシンプルに捉えることで
文法用語や語数に惑わされることなく
多彩な表現法をまとめて一気にマスターできます。

日本語では先に「補足情報（前置き）」を置くことが多いので、「主旨」がぼやけるリスクがあります。言葉にする前に、頭の中で「何が主旨で何が補足かをはっきりさせる」ことが重要です。

「主旨の文」＋補足
の基本を
4ページに
まとめました。

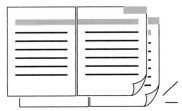

どんなに長い文でも
構造は以下の３つのいずれかです。

❶ 「主旨の文」（前のパートで学んだこと）

❷ 「主旨の文」＋補足

❸ 〈「主旨の文」（＋補足）〉を２本繋げたもの

「主旨の文」があってこその「補足」です

「主旨の文(主旨を簡潔に述べる文)**」を**
しっかり作ることが
すべての基本です。

「主旨の文」ができたら、
必要に応じて、
時・場所・理由・条件など**を**
「補足」します。

---

❸ 〈「主旨の文」(+補足)〉を2本繋げたもの

主旨の文	補足
	無い場合は不要

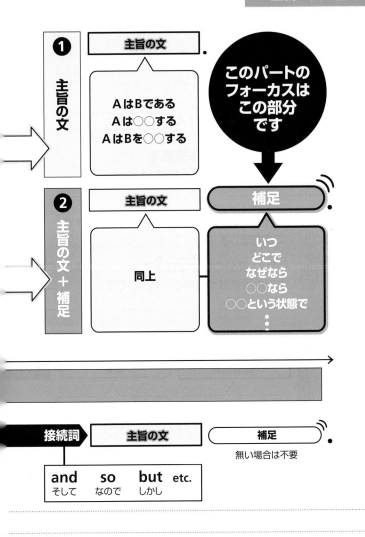

❶ 主旨の文

主旨の文 .

A は B である
A は○○する
A は B を○○する

このパートの
フォーカスは
この部分
です

❷ 主旨の文＋補足

主旨の文

同上

補足 .

いつ
どこで
なぜなら
○○なら
○○という状態で
：

接続詞　　主旨の文　　　　補足 .

無い場合は不要

and　　so　　but etc.
そして　　なので　　しかし

シンプルな具体例

主旨の文	と	補足))
		無い場合は不要

の基本構造を
確認してください。

☞ 「補足」部分が無くても「主旨の文」だけで
文は完成します。

☞ 「補足」部分の**長さは様々**ですが、文全体の
中での役割は全く同じ「補足」です。

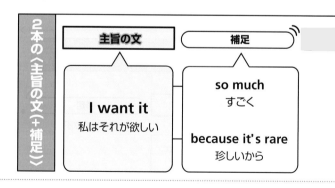

2本の〈主旨の文（＋補足）〉

主旨の文	補足))
I want it 私はそれが欲しい	**so much** すごく **because it's rare** 珍しいから

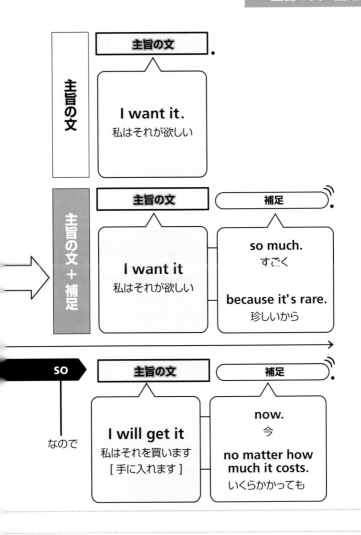

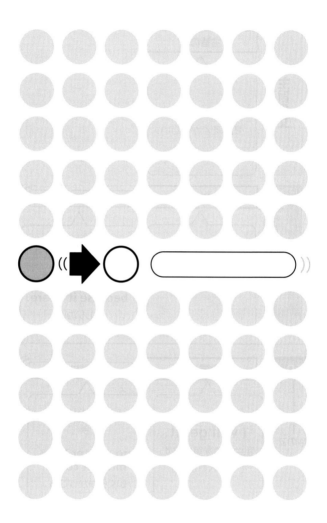

解説と補足

この章でカバーしている
主な文法事項

すべて
「主旨の文」に
副える
「補足」です

┌ 副詞句、副詞節
│ 前置詞句の副詞用法
│ 不定詞の副詞的用法
│ 従属節
│ 従属接続詞
│ 分詞構文
│ 付帯状況構文
└ 等位接続詞

※文法用語を覚える必要はありません

主旨の文 + 補足

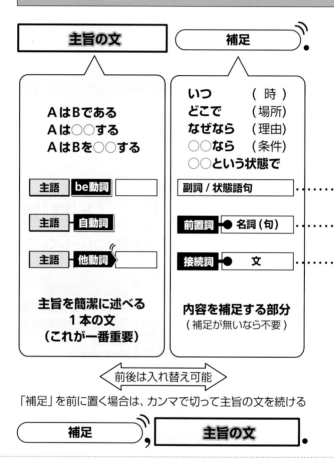

主旨の文

A は B である
A は○○する
A は B を○○する

| 主語 | be動詞 | |

| 主語 | 自動詞 |

| 主語 | 他動詞 | |

主旨を簡潔に述べる
1本の文
(これが一番重要)

補足

いつ	(時)
どこで	(場所)
なぜなら	(理由)
○○なら	(条件)
○○という状態で	

| 副詞 / 状態語句 | ········

| 前置詞 |● 名詞 (句) | ········

| 接続詞 |● 文 | ········

内容を補足する部分
(補足が無いなら不要)

〈 前後は入れ替え可能 〉

「補足」を前に置く場合は、カンマで切って主旨の文を続ける

補足 **,** **主旨の文** **.**

160

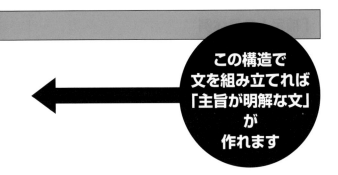

【例】

· · · · · **now**（今）, **there**（そこに）, **quickly**（急いで）,
doing ...（...している状態で）

· · · · · **to ...**（...に）, **in ...**（...の中に）, **for...**（...のために）,
with ...（...と一緒に）, **despite ...**（...だけれども）

· · · · · **when ～**（～の時）, **because ～**（～という理由で）,
if ～（～なら）, **although ～**（～だけれども）

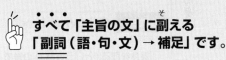

すべて「主旨の文」に副える
「副詞（語・句・文）→ 補足」です。

「補足」の全バリエーションを次の 4 ページで
一気に理解してしまいましょう。

「補足」の具体例

主旨の文

ココは無限！

| I'll call you | 補足 |

電話するよ / 電話するね。

I'll call you	later .
	副詞
	後で

//	at ● one .
	前置詞 名詞
	「1 時」に

//	after ● lunch .
	前置詞 名詞
	「昼食 (という行為)」の後で

//	after ● having lunch .
	前置詞 名詞 (動名詞)
	「昼食を取る (という行為)」の後で

//	after ● I have lunch .
次のページに続く	接続詞 文
	「私が昼食を取る (という行為)」の後で

when ──● I finish lunch .

接続詞　　文

「私が昼食を終える」**時に** (=once)

while ──● he is away .

接続詞　　文

「彼がいない」**間に**

because ──● we need to talk .

接続詞　　文

「私たちは話し合いが必要」**だから**

if ──● you don't call me .

接続詞　　文

「あなたが私に電話しない」**なら**

unless ──● you call me .

接続詞　　文

「あなたが私に電話する(こと)」**がないのなら**

※1つ上の文とほぼ同じ意味

though ──● I'm very busy .

接続詞　　文

「私はとても忙しい」**けれども**

whenever ──● you want .

接続詞　　文

次のページに続く ｜ 「あなたが望む」**時にいつでも**

when ● an hour has passed .

接続詞　　　文

「1 時間が経過した」時に

1時間後に

as soon as ● I can .

接続詞　　　文

「私ができる」最も早い時に

during ● my stay in L.A. .

前置詞　　　名詞

「私のロス滞在」の間に

with ● the results .

前置詞　　　名詞

「結果、結論」を用意して

with ● dad by my side .

前置詞　　　状態語句

「パパが私の脇にいる状態」で

hoping for an answer .

doing ... (状態語句)

答えが聞けることを期待して

to let you know the details .

to do ...《目的を表す to+ 動詞の原形》

あなたに詳細を知らせるために　etc.

//

//

//

//

//

//

//

無限にあります

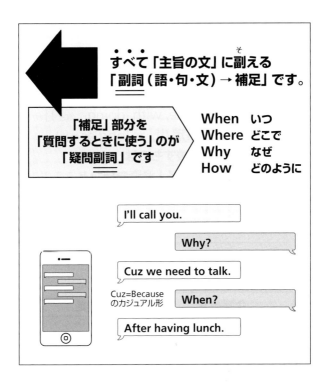

すべて「主旨の文」に副える
「副詞（語・句・文）→ 補足」です。

「補足」部分を
「質問するときに使う」のが
「疑問副詞」です

When	いつ
Where	どこで
Why	なぜ
How	どのように

I'll call you.

Why?

Cuz we need to talk.

Cuz=Because
のカジュアル形

When?

After having lunch.

「主旨の文」入れ替え例

具体例 (P.162-164) の "**I'll call you.**(電話するよ)"
を "**I'll be there.**(そこに行くよ)" に入れ替えて、
もう一度読んでみてください。

「並列構造」

「**同時** (when, while, with, doing... など)」、
「**条件・範囲の設定** (if, as long as など)」
を表すものは
「並列に並べる」意識を持つと
構造の理解が深まります。

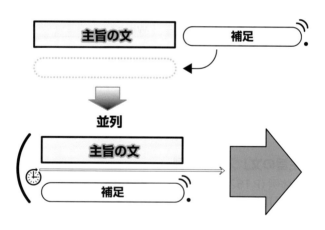

Call me when you get there.

向こうに着いたら電話ちょうだい。

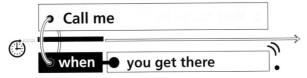

Don't text while (you are) walking.

歩きながらスマホをいじるのはだめ。

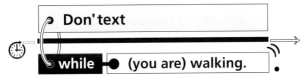

Kids were running around with no clothes on.

子どもたちは裸で走り回っていた。

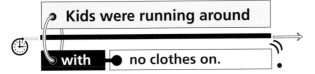

I can't concentrate with them arguing.

二人が言い争っている状態では集中できない。

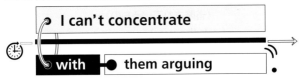

Dad came in humming to himself.

パパが鼻歌を歌いながら入ってきた。

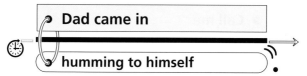

We spent the evening chatting.

私たちはおしゃべりをして夜を過ごした。

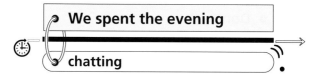

Bob came home drunk.

ボブが酔っ払って帰宅した。

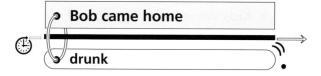

*上記 3 例は日本で「分詞構文」と呼ばれているものです。

《省略されているもの》

上 (he was) humming to himself

中 (we were) chatting

下 (he was being) drunk

Generally speaking, the bigger the better.

一般論で言うなら、大きければ大きいほどいい。

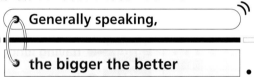

Call me if you get lost.

もし迷ったら電話してね。

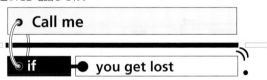

Anything is possible as long as you try hard enough.

しっかり努力すれば、どんなことでも可能だ。

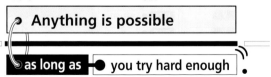

「前置詞」の重要度は「接続詞」と同じ

 接続詞は後ろに文を続けなければいけませんが、
前置詞を使えば名詞(句)で簡潔に表現できます。

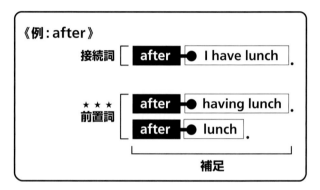

《例：after》

接続詞　after ● I have lunch .

★★★
前置詞　after ● having lunch .
　　　　after ● lunch .

補足

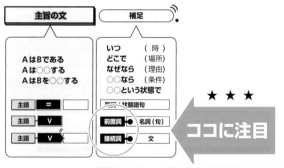

主旨の文　　　　補足

AはBである
Aは○○する
AはBを○○する

主語 = 　

主語 V 　

主語 V 　

いつ　　　　（時）
どこで　　　（場所）
なぜなら　　（理由）
○○なら　　（条件）
○○という状態で

状態語句

前置詞 ● 名詞(句)

接続詞 ● 文

★★★

ココに注目

「前置詞」の重要度は「接続詞」と同じ

★★接続詞と同等の役割を果たす「重要な前置詞」★★
左右はほぼ同じ意味です。比較してみてください。

接続詞 ─● 文	前置詞 ─● 名詞(句)
before the game starts 試合が始まる前に	**before** the game 試合前に
when it's five 5時に	**at** five 5時に
when an hour has passed 1時間経過した時に	**in** an hour 1時間後に
when I arrive 私が到着する時に	**on/upon** arrival 到着時に
while I stay 私が滞在している間に	**during** my stay 私の滞在中に
because it's raining 雨が降っているので	**because of** rain 雨のため
if you don't help me 君が手助けしてくれないなら	**without** your help 君の手助け無しでは

「前置詞＋名詞(句)」には動詞が無いので、
時制の一致で悩まなくていいというメリットがあります。

because it rained　　　　**because of** rain
雨が降ったので　　　　　　　　　　　　　　　雨のため

「主旨の文と補足」の構造を正しく捉えられると、「熟語」の丸暗記から解放されます。

◎ **go** / to the airport

行く

その空港に [まで]

正しい切り方

ココは無限

drive	自分で運転して行く
bike	自転車で行く
run	走って行く
take a taxi	タクシーを利用する
take you	あなたを連れて行く
drive you	あなたを車で送る
hitchhike	ヒッチハイクで行く
get	着く
rush	急いで行く
go back	戻る
tag along with you	あなたについて行く

to the airport

その空港に [まで]

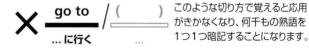

✕ **go to** / (＿＿＿)

... に行く　...

このような切り方で覚えると応用がきかなくなり、何千もの熟語を1つ1つ暗記することになります。

◎ ── **go** / **to the airport**

行く　　　その空港に［まで］

ココも無限

go

行く

there	そこに
in	中に入って
out	外に出て
away	その場から離れて
abroad	海外に
on	どんどん続けて
up	上に
down	下に
up the hill	坂を上って
down the street	通りを真っ直ぐ
for a walk	散歩に
shopping	ショッピングをしに
⋮	

⚠ いわゆる「熟語」は「成句」ではありません

日本で教わる熟語のほとんどは、「単に、**使用頻度の高い単語の組み合わせ**」であって、成句ではありません。
基本動詞(約150語)と基本前置詞/副詞(約30語)の意味と用法さえしっかり理解すれば、ネイティヴと同じように自由に組み合わせて、ほとんどすべてのことが表現できます。熟語を成句のように丸暗記するのはやめましょう。

put it それを置く | **...という状態に** | put... = ...(持っているもの)を置く

put it up
それを上に置く

put it down
それを下に置く

put it in
それを中に入れる

 take it それを取って | **...という状態に** | take... = ...(置いてあるもの)を取る

take it up
それを取って上げる

take it down
それを取って下ろす

take it out
それを取り出す

 turn it それを回して | **...という状態に** | turn... = ... を回す[変える]

turn it on
それをオンにする

turn it off
それをオフにする

turn it up
それを上げる

turn it down
それを下げる

put it here — それをここに置く
put it there — それをあそこに置く
there

● **put it in the fridge** それを冷蔵庫の中に入れる

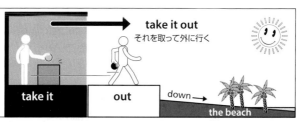

take it out — それを取って外に行く
take it — out — down → the beach

● **take it down to the beach** それをビーチに持って行く

応用 **pinch** つまむような動作で ...という状態に pinch = つまむ

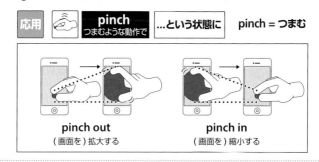

pinch out （画面を）拡大する
pinch in （画面を）縮小する

前置詞(副詞)の重要性

日本語にはない「前置詞」という品詞。英語の文を組み立てる上で極めて重要な役割を果たすパーツです。
重要な3つのポイントを確認してください。

「線・面・立体/空間における位置や関係」を正確に表す

日本語では少ない文字数で正確に表せないこともあって同じ表現になってしまうことも、英語では1つ1つ意味が明確に定義されている前置詞を使い分けることで正確に表現できます〈P.68,69も参考にしてください〉。

【具体例】 「○○から」

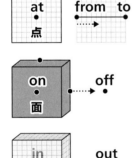

from Tokyo to Osaka
東京(点)から大阪(点)まで
【from(始点)からto(終点)】

fall **off** the ladder
(つかまっていた)はしごから落ちる
【on(接触状態)からoff(離れて)】

take it **out** of the box
箱(の中)からそれを取り出す
【in(中にある状態)からout(外に)】

接続詞としての機能

「接続詞＋文」と同じ内容を、少ない語数で、時制の一致に苦労することなく、簡潔に表現できます (P.181,182)。

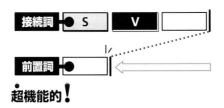

超機能的！

単体で「副詞」としても使えるものが多い

【具体例】

| 前置詞 | 副詞（状態語句） |

get in the car ··············· get in
車に乗る　　　　　　　　　　乗る

go up the hill ················ go up
坂を上る　　　　　　　　　　上る

the car behind me ······ the car behind
私の後ろの車　　　　　　　　後ろの車

基本前置詞(副詞)

前置詞(副詞)は 補足 部分を作る 要(かなめ)です。

日本語で覚えようとすると、訳語が膨大になるだけでなく精度が落ち、使いこなせなくなります。「絵訳(P.72)」で覚えるのが最も有効です。

in　　中(なか)、内(うち)

into　　○○の中に入って

in+to

through　　中を抜けて(向こう側へ)

from　　起点、始点

out　　外(そと)

to　　到達点

away　　目の前から遠ざかって
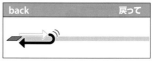

a(...の方向)+way(道)

along　　沿って

a(...の方向)+long(長い)

back　　戻って

across　　横切って

a(...の方向)+cross(十字)

at　　一点を指す

around　　円を描くように

a(...の方向)+round(円)

about　　大まかに示して

←大まかに囲む円

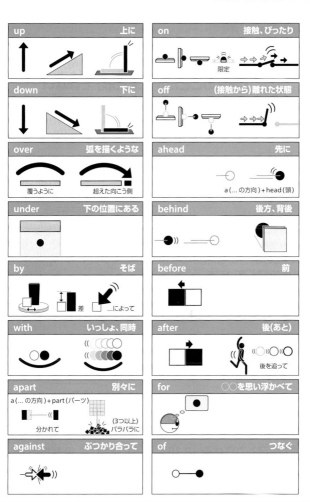

up 上に	on 接触、ぴったり
	限定
down 下に	off （接触から）離れた状態
over 弧を描くような	ahead 先に
覆うように　超えた向こう側	a（…の方向）＋head（頭）
under 下の位置にある	behind 後方、背後
by そば	before 前
差　…によって	
with いっしょ、同時	after 後（あと）
	後を追って
apart 別々に	for ○○を思い浮かべて
a（…の方向）＋part（パーツ）	
分かれて　（3つ以上）バラバラに	
against ぶつかり合って	of つなぐ

『DUO elements 前置詞/副詞』より
〈一部編集しています〉

「補足部分の時制」について

 「未来のことだから未来形」ではない

「時制」(→P.245-) を学んだ後にもう一度読むと、
理解が確実になります。

 「向こうに着いたら電話するね」

 I will call you when I <u>will get</u> there.

will は「現在の時点から見た、これからのこと」を表す助動詞です。
この文だと「これからそこに着くという意志を私が固めた時 (到着
するのはこれからだという時)に、電話します」という不可解な意味
になってしまいます。

 I will call you when I <u>get</u> there.

私がそこに到着するという時に

シンプルに「普通形」[※]

※ いわゆる「**現在形**」(→P.253)

「補足」の具体例 (P.162-164) の中に、用例が多数
あります。「補足部分の時制にフォーカス」して、再度
目を通してみてください。

前置詞を使えば、
「時制を一致させる手間」が省けます‼

〈例　現在の場合〉

現在未来形※	補足

※いわゆる「**未来形**」(→P.252)

I'll call you
電話します

at one.
1 時に

when it's one.
時刻(it)が1時という時

I'll call you
電話します

in an hour.
1 時間後に

when an hour has passed.
1 時間が経過した時

I'll call you
電話します

during my stay in Tokyo.
私の東京滞在中に

while/when

I stay in Tokyo.
I'm staying in Tokyo.
staying in Tokyo.

(私が)東京に滞在している時に

前ページの例〈現在〉と比較してみてください

「前置詞句」部分は全く同じです。

〈例　過去の場合〉

| 過去形 | 補足 |

I called you
電話したんだよ

at one.
1 時に

when it was one.
時刻 (it) が1時だった時

I called you
電話したんだよ

in an hour.
1 時間後に

when an hour had passed.
1 時間が経過した時

I called you
電話したんだよ

during my stay in Tokyo.
私の東京滞在中に

while/
when

I stayed in Tokyo.
I was staying in Tokyo.
staying in Tokyo.

(私が) 東京に滞在 (していた)時に

主旨の文	補足

についての
以上です。

最後に 2本の「主旨の文（＋補足）」の繋げ方

覚えることは「2本の文を繋げる接続詞」だけです。

2本の「主旨の文 (+補足)」をつなげる

2本の 主旨の文 補足 . を

「発生順」、「原因・結果の順」などに並べる。

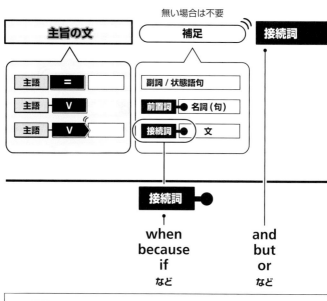

無い場合は不要

| 主旨の文 | 補足 | 接続詞 |

| 主語 = |
| 主語 V |
| 主語 V |

| 副詞 / 状態語句 |
| 前置詞 名詞 (句) |
| 接続詞 文 |

接続詞

when
because
if
など

and
but
or
など

| 接続詞 •・・・主旨文に添える補足文を作る |
| 接続詞 ・・・・「2本の主旨 (+補足) 文を」繋げる |

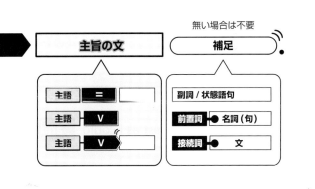

無い場合は不要

| 主旨の文 | 補足 |

主語	=	
主語	V	
主語	V	

| 副詞 / 状態語句 |
| 前置詞 ● 名詞（句） |
| 接続詞 ● 文 |

**性質が全く異なる
この2種類の接続詞を
しっかり区別しましょう。** 　　一覧は P.196-198

2本の「主旨の文 (+補足)」をつなげる具体例

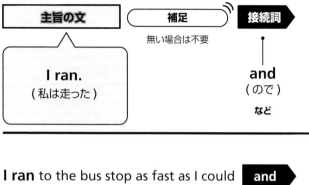

主旨の文	補足	接続詞
I ran. (私は走った)	無い場合は不要	and (ので) など

I ran to the bus stop as fast as I could **and**

I ran to the bus stop as fast as I could, **but**

I ran to the bus stop as fast as I could, **or**

補足 ⸺ to the bus stop (そのバス停まで)
　　　　as fast as I could (できるだけ速く)

※補足部分はあなたの自由です。

主旨の文　　**補足**

無い場合は不要

(I) caught the bus.
（そのバスに乗れた）

(I) caught the bus.

(I) couldn't catch the bus. /
(I) missed the bus.

(I) wouldn't have caught the bus.

接続詞の前の文と主語が同じなら、ここの主語は省略します

【訳】
バス停まで全力で走ったので、バスに乗れた。
バス停まで全力で走ったけれど、バスに乗れなかった。
バス停まで全力で走った。そうしなかったら、バスには乗れていなかった。

まとめ ポイントは以下の3つ

❶ 「主旨の文」と「補足」をはっきり分ける

❷ 「2つのつなぎ語」(「前置詞」と「接続詞」)

❸ 役割が異なる「2つの接続詞」

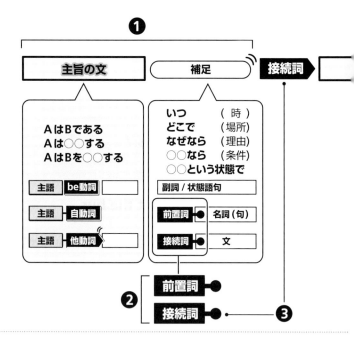

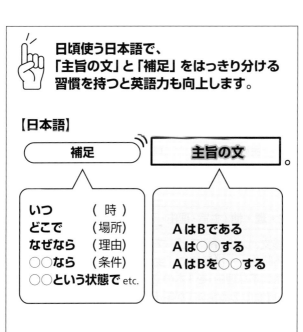

日頃使う日本語で、
「主旨の文」と「補足」をはっきり分ける
習慣を持つと英語力も向上します。

【日本語】

補足 → 主旨の文 。

いつ	（ 時 ）
どこで	（場所）
なぜなら	（理由）
○○なら	（条件）
○○という状態で etc.	

AはBである
Aは○○する
AはBを○○する

英語は「主旨が先」、日本語は「補足（前置き）が先」
の場合が多いことを知っておけば、英語⇔日本語
変換で迷うこともなくなります。

論理的思考で最も大事なのは BECAUSE(なぜなら[理由])

主・理（主旨・理由）

日頃使う日本語で「...(主旨) だ。**なぜなら○○**」と明確な「**理由**」を考える習慣を付けると、英語力、論理的思考力は同時に上がります。

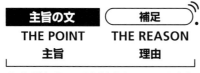

○○**だから ... だ**（主旨とその理由）。

主・理・他（主旨・理由・その他）

小論文、レポート、スピーチやプレゼンの原稿などを作成する時も、一番最初に「**主旨とその理由**（複数ある時は一番大事な理由）**を1本の文にまとめる**」ことができれば、「一貫性のある全体」が組み立てやすくなります。

○○**だから ... だ**（主旨とその理由）。　**主旨の補強**

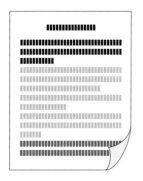

○○だから ... だ

example 1
example 2
example 3

主旨の補強（事例など）

だから、... だ

プログラミングの基本は「条件設定＋命令」

プログラミングは融通が全く効かない機械が相手。英語を通して「主旨と補足」を明確に分ける習慣が身に付けばプログラミングを書く（機械に命令する）時にも大いに役立ちます。

If A is true, go to B.
もしAが正しいなら、Bに進め。

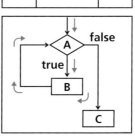

While A is true, do B.
Aが正しい限り、Bをしろ[繰り返せ]。

【具体例】

I think it'll rain in Tokyo tomorrow.
(論理的に考えて) 明日の東京は雨だ。

> Why?

Because:
なぜなら、

It's raining in Osaka now.
今、大阪は雨。

The weather moves from the west to the east.
天気は西から東へ進む。

Generally, it goes at about 40 km/hour.
一般的に、その移動速度は時速約 40km。

The distance between Osaka and Tokyo is about 500 km.
東京大阪間の距離は約 500km。

500 divided by 40 is 12.5.
500 割る 40 は 12.5。

The weather in Osaka comes to Tokyo in about 12 hours.
大阪の天気は約 12 時間後、東京に。

「天気予報が言っていたから」は
because ではありません

The weather forecast says/According to the weather forecast, it will rain in Tokyo tomorrow.
天気予報によると明日の東京は雨だそうだ。

x

実際の「絵」を浮かべて考えれば簡単に。
論理的なことはすべて、絵や図や式で表せます。

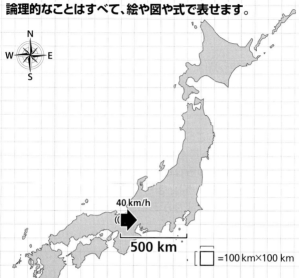

40 km/h
500 km
□ =100 km×100 km

【論理的思考に最も適した「数学という言語」】
左の6本の文（Because部分）の内容を1本の線で表せます。

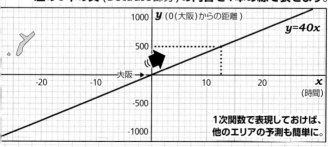

1000 **y**（0（大阪）からの距離）
y＝40x
500
大阪→
-20　　-10　　　　　　10　　　　20　　**x**
（時間）
-500
-1000

1次関数で表現しておけば、
他のエリアの予測も簡単に。

注意すべき日本語

たら / なら

「たら」を使う時は、if (もしも 〜) なのか、when (〜という時)、after (〜という後) なのかを考えましょう。

《Case 1》
旅立つ人に「向こうに着い**たら**電話してね」と言う場合は when を使って Call me when you get there. です。日本語につられて Call me if you get there. と if を使ってしまうと、まさかの事故などが起こって向こうに着けない可能性があるように聞こえます。

《Case 2》
食べ**たら**歯を磨いてね。
Brush your teeth after eating.

けれども / けれど / けど / が

主に「逆接 (but)」ですが、そうではない場合がよくあります。「先程の件ですが ...」、「ちょっと困るんですけど」など、よく耳にします。これらの言葉を使う時には「本当に逆接なのか」を確認してみましょう。逆接でない場合の多くは、「その言葉を消して、2 つの文に分ける」と英語にうまく訳せます。

《逆接》
僕はイエスと言った**けど**、彼女はノーと言った。
I said "Yes," but she said "No."

《逆接ではない》
パーティーに行く**けど**、君はどうする?
I'm going to the party. What about you?

迷惑なんです**けど** ...、鬱陶しいんです**けど** ...
You're bothering me.

《申し訳なさそうに?》
お願いがあるんです**けど** / あるんです**が**。
Could you help me?/
Could you do me a favor?
〈助動詞を過去形にして聞く〉

| 接続詞 | ● | 文 | の形で用いる接続詞 |

時 　～という時	when ～ as ～ the moment ～《瞬間》 as soon as ～　《できるだけすぐ》
～という間	while ～
～という前 　～という後	before ～ after ～
理由・原因 　～という理由 　[原因]で	because ～ since ～ as ～ on the grounds that ～
条件 　～であるなら	if ～ given that ～ provided/providing (that) ～ suppose/supposing (that) ～ assuming (that) ～ as long as ～ on condition that ～
～でないなら	unless ～
逆説 　～だけれども	though ～ although ～

対応する前置詞

at .../ in ...
as ...
on .../ upon ...

during ...

before ...
after ...

because of .../ due to .../ owing to .../ on account of .../ on (the) grounds of .../ with ...

on condition of .../ with ...

without ...

in spite of .../ despite .../ against ...

| 文 | 接続詞 | 文 | の形で |

順接 従って、その結果	and so that's why for this reason as a result as a consequence therefore consequently thus hence	Normal ↑ ↓ Formal
逆説 しかし	but however	
他方選択 そうでなければ	or otherwise	
追加 その上	what's more moreover in addition	
同時・並行 その間	meanwhile in the mean time	
それでもやはり	nevertheless/nonetheless	

用いる接続詞など

否定文・疑問文・倒置文・命令文

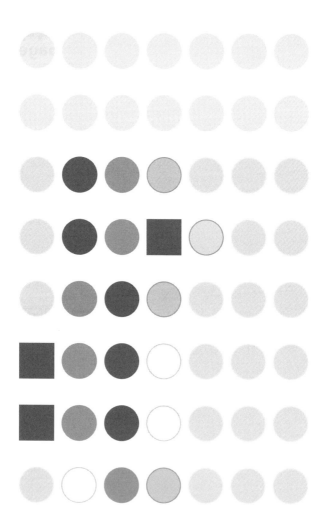

否定文・疑問文・命令文・強調文の
基本を
9ページに
まとめました。

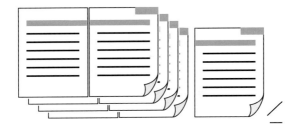

最初の 2 語 でキメる

このパートは以下のことを意識して読んでください。

> ### 2 語 で構造を確定させようとする意識
>
> **2 語では不可能な場合でも、
> できるだけ少ない語数で
> 確定させようとする意識**

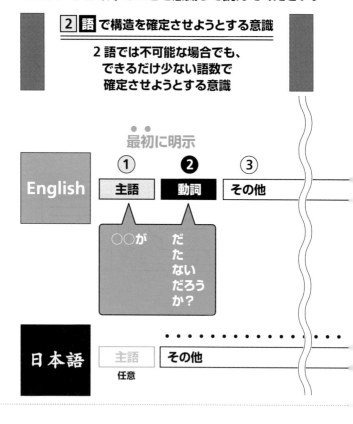

最初に明示

	①	❷	③
English	主語	動詞	その他

○○が　だ
　　　　た
　　　　ない
　　　　だろう
　　　　か？

日本語	主語	その他
	任意	

**リスニングでも
最初の2語に集中することが重要です！**

日本語のように最後を聞くまでわからない
ということはありません。

.

だ。
た。
ない。
だろう。
か？

・・・・・・・・・・・・・・・・・・・

述語 。

最後に示す

語順変化 「違和感」で伝える

「主語→動詞 (...)」という語順は絶対ルール。
その絶対ルールを壊すことで違和感を生じさせ、
否定・疑問・命令・強調を表現します。

例えば、あなたがパートナーに「**1 - 2 - 3、1 - 2 - 3...**」と
規則正しくリズムを取ってもらい、気持ちよく反復動作を
しているとき、「**2 - 1 - 3**」と不規則なことを言われたら
「**ん?**」となるはずです。

英語の否定・疑問・命令・強調などはすべて、この「**ん?**」
という違和感によって生み出されます。**「主語→動詞 (...)**
という絶対的な語順」が決まっているからこそ実現できる
合理的なシステム（語順の絶対ルールがない日本語では
できないシステム）です。

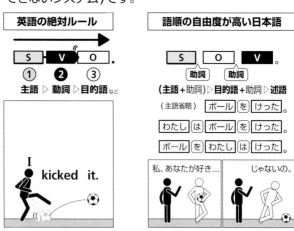

英語の絶対ルール	語順の自由度が高い日本語

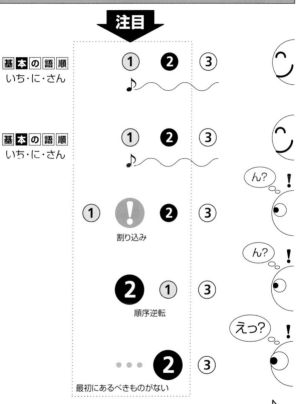

次ページの具体例で 基本 の 語順 から
どこがどう変化していくかを確認してください。

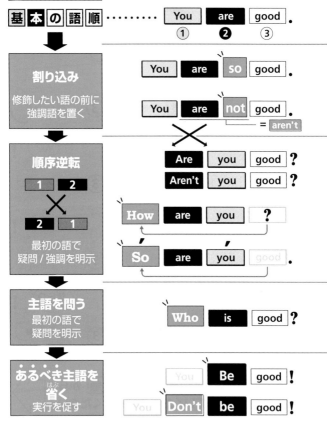

一般動詞の文

ポイント be動詞のように自由にできるパーツがないので、「助動詞do」を加えて活用します。

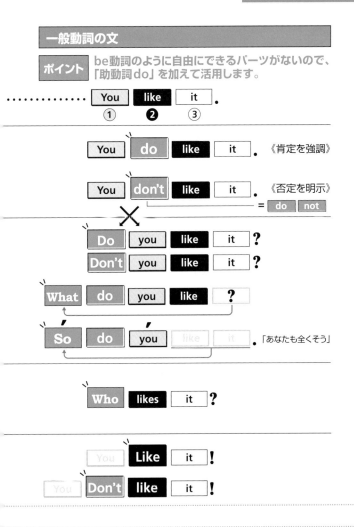

・・・・・・・・・・・・ | You① | like❷ | it③ |.

| You | do | like | it |. 《肯定を強調》

| You | don't | like | it |. 《否定を明示》
= | do | not |

| Do | you | like | it |?
| Don't | you | like | it |?

| What | do | you | like | ?

| So | do | you | like | it |. 「あなたも全くそう」

| Who | likes | it |?

| You | Like | it |!
| You | Don't | like | it |!

その他の文

will, may, can, should, must, have などの
助動詞の文も、前ページの「一般動詞の文」と
同じパターンで語順変化させます。

┌─ ココを替えるだけ

.

※「命令文」はありません。

【will, may, can, should, must】

【have（現在完了）】

疑問詞は大きく分けて 2 種 類

名詞（語・句など）を問う

*What 何
Who 誰
*Which どちら
*Whose 誰のもの

補足（全体）
または 状態語句 を問う

When いつ
Where どこで
Why なぜ
How どのように

主旨の文

A は **B** である
A は □ である
A は○○する
A は **B** を○○する

| be動詞 |
| be動詞 | 状態語句 |
| 自動詞 |
| 他動詞 |

補足（全体）

いつ　　　（ 時 ）
どこで　　（場所）
なぜなら　（理由）
○○なら　（条件）
○○という状態で

副詞 / 状態語句

前置詞 ●

接続詞 文

または

* は「Wh- + 名詞 」の形でも使えます。 <u>What time is it?</u>

【具体例】

主旨の文　　　　　補足（全体）/ 状態語句

I'm staying （**at the Ritz London**）.

「私はリッツ・ロンドンに泊まっている」
という時、

（**補足（全体）**）/ **状態語句** を問う

"**Where** are you staying?"

「**どこに**」・泊まっているの？

"**At the Ritz London.**"

「リッツ・ロンドンに」

Where = At the Ritz London

名詞（語・句など） を問う

"**What** hotel are you staying at?"

「**何**」というホテル・に泊まっているの？

"**The Ritz London.**"

「リッツ・ロンドン」

What = The Ritz London

解説と補足

この章でカバーしている
主な文法事項

平叙文(肯定文・否定文)
疑問文
命令文
倒置文
強調文
感嘆文
There is 構文
原形不定詞

※文法用語を覚える必要はありません

割り込み

not とは「肯定 0%」

右の表をご覧ください。
so, just, very, not を「**肯定の程度**」の高い順に並べて見ると、「この4語が同じグループ」であることがよくわかります。
so は 100% 超、**just** は 100%、**very** は 90%、そして「**not は 0% の肯定**」です。同じグループですから、当然文中で置く位置もどれも同じです。

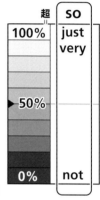

同じグループ

修飾したい語の前に割り込む

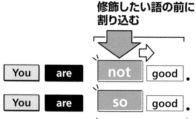

| You | are | not | good |

| You | are | so | good |

頻度〈P.268 表〉、確かさ〈P.335 表〉を表す副詞も、同じように　　　　　の位置です

【例】

| You | are | always | good |

語順ルールを破って割り込む ➡ 「感情を表す」

I'm、I'll、What's などの短縮形は、2つの語の結び付き が強い証拠。だから、短縮形のある2語の間には**普通は 何も割り込めません**。そのルールを破って何かを割り込 ませるのは、**強い怒り・驚き・動揺などを表す時**です。

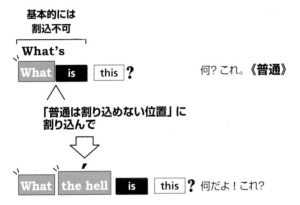

基本的には
割込不可

What's

What is this ?　　　　何? これ。《普通》

「普通は割り込めない位置」に
割り込んで

What the hell is this ? 何だよ！これ?

抑えるべき「感情」を思わず声に出してしまうだけなので、 語句の意味(the hell: 地獄)はほとんど関係ありません。 the hell 以外にも、in the world / on earth / in God's name / the heck / 🚫the fuck など色々あります。

What the hell are you doing?
オメエ、何やってんだ!?

何と言ったらいいかわからない時、
思わず口に出してしまうのは **W** の音

Wh-疑問詞は「強調語」

何かがわからない時、頭の中はどんな感じですか? 真っ暗だったり、空欄のカッコが浮かんだような感じだったり ... 人によって違いはあるでしょうが、わからない状態を早く解消したいという気持ちは共通でしょう。早く解消したいから疑問詞を一番最初に置く。それが英語の語順です。

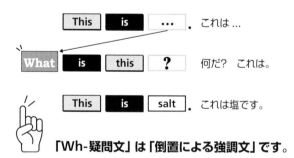

| This | is | ... |

これは ...

| What | is | this | ? |

何だ?　これは。

| This | is | salt |

これは塩です。

「Wh-疑問文」は「倒置による強調文」です。

会話なら、疑問詞を使わなくても

**普通の語順のままでも「文末を上げると」、相手は
質問だなと感じ取ってくれます。**

> **You like sushi?** ↗
> お寿司は好き?

≒ Do you like sushi?

> **Yeah, I love it.**
> うん、大好きです。

**普通の語順のままで「聞きたい部分で間を取ると」、
相手はその部分を（普通は）埋めてくれます。**

> **You like ......**
> あなたが好きなのは ...

≒ What do you like?

> **Sushi.**
> スシ。

完全な文で聞くなら

What kind of food do you like?
どんな食べ物が好きですか?

ストレートに聞かない工夫

■ 氏名、年齢、職業、出身、体重など、プライベートな
ことを一方的に聞かれるのを嫌がる人はいます。

How old are you?
何歳ですか？

...※
(何で言わなきゃいけないんだ)

「まず、自分のことを言う」のがベストです (日本語でも
同じですよね)。

I'm eighteen.
私は 18 歳。

I'm twenty one.
私は 21 歳。

I was born in 2002.
私は 2002 年生まれ。

* two thousand two

Oh, I'm a bit older.
あら、私のほうがちょっと年上。

工夫しても教えてくれない場合は ...
話題を切り替えて会話を弾ませましょう。

感嘆文の What も「強調語」

《普通》

This is a huge cat. これは巨大な猫。

《強調》

 a huge cat (this is) **!**

うわっ、でっかい猫!

感嘆文は驚きや感動の瞬間などに思わず発するものなので、後ろの主語＋動詞まで言うことはあまりありません。

教科書的な「何て○○なんでしょう」という和訳ではなく、「うわっ、えー」ぐらいのほうが使いやすくなります。

Wow, what a surprise!

(驚かされた瞬間) えーっ、ビックリ!

【定形の感嘆文でなくても驚きや感動は込められます】

 nice **!**　　《So ＋ 形容詞》

Such a nice room **!**　《Such ＋ 名詞》

This is nice **!**　《強調の副詞を足す》

「倒置による強調文」と「疑問文」の語順は全く同じ

以下の例で、そのことを確認してください。

《基本の語順》

それをしたことは一度もない。

《「絶対にない」ということを一番伝えたい》

一度たりともないっ。それをしたことは。

疑問文と語順を比べてください。

《「いつ」ということを一番知りたい》

いつ、私がそれをしたって?

実は、「Wh-疑問文自体が倒置の語順」です

一番知りたいことだから「What<small>など</small>を最初に言う疑問文」と、一番伝えたいことだから「強調語を最初に言う倒置文」は性質が同じ。だから当然、**語順も全く同じ**です。

倒置の強調は「感情のままに素直に」並べる

日本語でも、感情的になった時などに倒置をしています。
その時の感覚を英語にも活かしてください。

〈平常〉　それは**何**ですか?
〈非平常〉**何**!?　それ。

〈平常〉　それは**絶対に**見ないでください。
〈非平常〉**絶対**ダメっ!　それを見るのは。

倒置になり得る語

〈下の表は主な語〉

100超	**so / such**	強調

100	only	限定	
▶			
	程度	数量	頻度
	hardly/scarcely	few/little	rarely/seldom
0	not	no	never

(無(む))	wh-疑問詞	疑問

前ページの例文 I have **never** done it. を徐々に強調していくと以下のようになります。

強

I have **never** done it.・・・ 基本の語順
I **never** have done it.
Never have I done it.
Never have I **ever** done it.
Never have I done it. **Ever!**
Never in my life have I done it.

【否定のN+ever = never】

never は ever の否定語です。

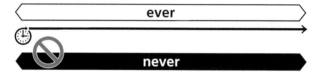

【「否定のN+ ...」のその他の例】

肯定語		頭にnを付けて否定語
A or B	・・・	A nor B
either	・・・	neither
one	・・・	none

both A and B

AB両方

either A or B

?

ABのどちらか

neither A nor B

ABのどちらでもない

---

one

1つの

none

1つもない

no

全くない

"I am leaving."　　**"So am I."**
「私帰る。」　　　　　　「私も。」

"I don't like it."　　**"Neither do I."**
「それ、好きじゃない。」　「私も (好きじゃない)。」

Never have I ever met her!
一度たりとも、本当にないっ。彼女に会ったことは。

《以下の2つは文語的倒置》日本では重要構文として教えていますが、一般的ではありません。

Hardly had I hung up the phone when it rang again.
電話を切った途端また電話が鳴った。《whenで受ける。文頭はScarcely でも可》

No sooner had I hung up the phone than it rang again.
意味は同上 《No sooner (比較級) なので thanで受ける》

いわゆる「there is 構文」も倒置強調文です

最初に There と言うのだからその There が一番重要なことです。特に注意を払っていない状態から、There(それまでは気づかなかった「外」の範囲)に意識を向ける[向けさせる]時に使います。

There is / are ○○は、「あっ、○○だ」「ほら(あそこに)、○○」ぐらいの感覚です。

《普通》
Bob is there.　　　　ボブはあそこにいます。

《強調》

There's Bob.　　あ、ボブだ。

↑
疑問文と同じ語順
Where's Bob?

Oh, there are bugs.　　　　(目をやった先に) あ、虫が
　　　　　　　　　　　　　　　(複数) いる。

There's a car coming.　　　(急に気づいて) あっ、車が
　　　　　　　　　　　　　　　来る。

There's an earthquake!　　(揺れを感じて) あっ、地震!

There must be a reason.　　(頭の中にはっきり浮かばな
　　　　　　　　　　　　　　　いけれど) 理由があるはず。

【応用】
There goes my chance.　　あ〜、チャンスを逃しちゃった。
　　　　　　　　　　　　　　　《go＝ 自分の前から遠ざかる》

【here も同様】
Here's my contact.　　　　(相手に手渡す時に) はい、
　　　　　　　　　　　　　　　これが私の連絡先です。

Here comes the sun.　　　(見えなかった状態から)
　　　　　　　　　　　　　　　あっ、太陽が出てきた。

■■ 2語で簡潔に示す

YES/No 疑問文に対する答えは **Yes, I do. / No, I don't.**
などの3語、または **Yes. / No.** の1語で答えると習った
方も多いでしょうが、もう1つ **Yes, I do. / No, I don't.**
の後ろだけ **I do. / I don't.** の2語のパターンでもOK
です。

Do you drink?
日頃からお酒を飲みますか?

I don't.
飲みません。

= I don't drink. の頭2語

Will you do it?
それ、するの?

I will.
するよ。

= I will do it. の頭2語

ココだけで答える

1語	2語		1語	2語
Yes,	I am .		No,	I'm not .
	I do .			I don't .
	I will .			I won't .
	I have .			I haven't .

シリーズ累計500万部超の DUO に待望の「基礎レベル」（ベーシック）誕生！

既刊『DUO3.0』

既刊『DUOselect』

DUO BASIC
[デュオ・ベーシック]

ニッポンのチームな英語ベストプロジェクト

2500語レベル

9000語レベル

- 小3から中3までの7年で習得すべき学習内容が、約20分のリスニング・コンテンツに凝縮だワ〜ッ!!

- DUO3.0、selectの勉強がメチャ楽になりそう！早く欲しい〜〜

- これだけで、公立高校入試の「リスニング&リーディング」は両方とも、満点イケるかも。

※試作版を見た方々の感想

[DUO BASIC (デュオ・ベーシック)]

2024年秋リリース！

英語をもっとカンタンに
アイシーピー

2語で答えるパターンを使うメリット

「否定の疑問文」に迷わず対応できるようになります。
次の質問に英語で答えてみてください。

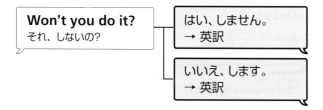

Won't you do it?
それ、しないの?

はい、しません。
→ 英訳

いいえ、します。
→ 英訳

「はい」「いいえ」につられずに英訳できましたか?

【返答例】

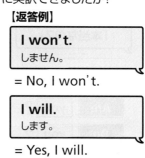

I won't.
しません。

= No, I won't.

I will.
します。

= Yes, I will.

Yes/Noを使わずに2語のパターンで答えれば、日本語の「はい/いいえ」に惑わされずに、自分の意思とは正反対の答えを口にしてしまうリスクがなくなります。

2語で問う

Do you?、Don't you?、Are you?、Aren't you?
などの「助動詞[be動詞]+主語の2語だけの疑問文」も
とても便利です。

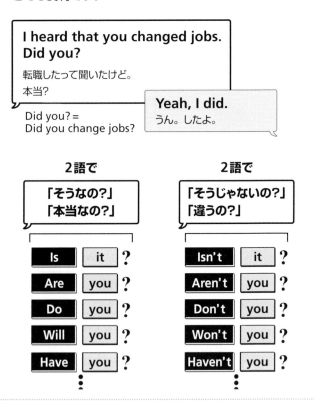

**I heard that you changed jobs.
Did you?**

転職したって聞いたけど。
本当?

Did you? =
Did you change jobs?

Yeah, I did.
うん。したよ。

2語で	2語で
「そうなの?」「本当なの?」	「そうじゃないの?」「違うの?」

Is it ?　　　Isn't it ?

Are you ?　　Aren't you ?

Do you ?　　Don't you ?

Will you ?　　Won't you ?

Have you ?　　Haven't you ?

228

I'm fifty.
私は 50 歳。

Are you?
そうなの？

= Are you fifty?

You're twenty. Aren't you?
あなたは 20 歳。違う？

Aren't you? =
Aren't you twenty?

I am.
そうです。

You don't like pizza, do you?
君はピザは好きじゃない、よね？

do you? =
do you like pizza?

I love it!
大好きですよ！

■ 口語では、"..., huh?" もよく使われます。
You don't like pizza, huh?
君はピザは好きじゃない、だろ？

You are bored, huh?
飽きた、だろ？

2 語 で構造を確定させようとする意識は重要です。

しかし、2 語では不可能な場合もあります。
そんな時でも「**できるだけ少ない語数で文の骨組みを
固めようと意識する**」と、細かな文法ルールを知らなくても
英語として自然な語順になります。

 「頭のほうで多くの単語を使いそうな
部分（名詞句など）」は **it** で仮置きして、
後ろのほうに「その部分」を置きます。

1	2	3	4		
It's	easy	—	—	to jump over it.	⋯⋯
It's	true	(that)	—	the earth is round.	⋯⋯
It's	easy	for	me	to jump over it.	⋯⋯
I	found	it	hard	to get along with them.	⋯⋯
I	don't	think	(that)	it's fair.	⋯⋯
I'll	pick	up	Ken,	Bob and Lisa.	⋯⋯

骨組み

・・・・・ **簡単だ**・それを飛び越えることは
　　　It = to jump over it

・・・・・ **本当だ**・地球が丸いということは
　　　It = (that) the earth is round

・・・・・ **簡単だ**・私にとって・それを飛び越えることは
　　　It = to jump over it

・・・・・ **大変だと気づいた**・彼らとうまくやっていくことが
　　　it = to get along with them

・・・・・ **私は思わない**・それが公平だとは
　　　I think (that) it's not fair. とはしない

・・・・・ **僕が迎えに行くよ**・ケン、ボブ、そしてリサを
　　　pick ... up (...を迎えに行く)が基本の語順だが、
　　　... 部分が長い場合は pick up ... とする

| 長い 名詞句などは itで仮置き |

| 否定は先に |

| 長いものは 後ろに |

it は「頭の中に浮かんでいること」

スニーカーなどで有名な NIKE(ナイキ) のスローガン、**Just Do It.**。**Just** は強調語、**Do** は ... をしよう、そして **It** はまさに「あなたの頭の中に浮かんでいること」です。NIKE 社があなたに「ほら、迷っていないであなたが今思っている**それ**を実行しよう」というメッセージを送っています。例えば、ジョギングを始めようか迷っている人に Just Do It. なら、「ほら、(それを) 始めなよ (NIKE のシューズ [ウエア]を買って)」。背中を押してくれる励ましの言葉と商品購入への誘導が見事に融合した傑作スローガンです。

また、日本人が親しい間柄 (夫婦、友人、同僚など) でよく使う「**あれ**」も **it** です。「ケン、アレどうした?」「アレならもう出来てるよ」、「母さん、アレ知らない?」「アレは捨てました」。どちらもお互いの頭の中に同じものを思い浮かべているから成り立つ やり取りでしょう。

以上の2例からわかるように、**it**を「それ」、**that**を「あれ」では両者の使い分けができません。

ポイント確認

it : 「頭の中」に浮かんでいる1つのこと (複数:**them**)

that: 自分から離れた場所に実際にある1つのもの(複数: **those)」

this : 自分の近くに実際にある1つのもの(複数:**these**)

〈this と that→P.60,61〉

【お互いの頭の中に同じものが浮かんでいる】

【同じ空間にいる人々の頭の中に同じものが浮かんでいる】

it は「名詞」、that は「文」

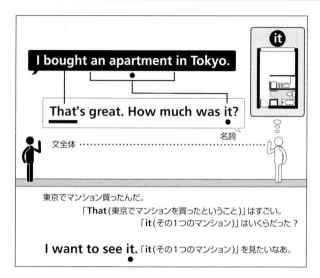

I bought an apartment in Tokyo.

That's great. How much was it?

名詞

文全体 ⋯⋯⋯⋯⋯⋯⋯⋯⋯⋯⋯

東京でマンション買ったんだ。
「**That**（東京でマンションを買ったということ）」はすごい。
「**it**（その1つのマンション）」はいくらだった？

I want to see it. 「**it**（その1つのマンション）」を見たいなあ。

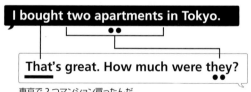

I bought two apartments in Tokyo.

That's great. How much were they?

東京で2つマンション買ったんだ。
「**That**（東京で2つマンションを買ったということ）」はすごい。
「**they**（その2つのマンション）」はいくらだった？

I want to see them. 「**them**（その2つのマンション）」を見たいなあ。

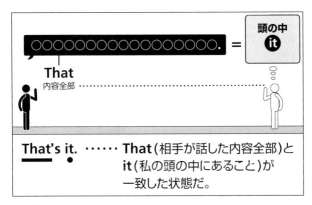

That's it. …… That（相手が話した内容全部）と
it（私の頭の中にあること）が
一致した状態だ。

【具体例】

自分が注文した品を店員がすべて読み終えた時→「それで
合っています、それで全部です」

アイデアを考えている時、誰かが「○○というのはどう?」
と言った時→「それだ、そういうのが欲しかったんだよ」

相手があれこれ文句を言い続けている時→「(わかってる
よ)もうやめてくれ、もうたくさんだ」

【「相手の一連の行為や動作」も that】

スポーツなどでフォームを指導している時、教えた動きを
相手ができた時→「そう、その動きだ」

マッサージを受けている時、自分がほぐして欲しかった部
位に手がいった時→「あ〜、そこそこ」

■ 命令形 → 「相手に実行を促す形」

あるべき主語を言わずに
「動詞の原形」で始める

**最初にあるべき主語がないので、
言われた相手も
「えっ!」となります。**

「命令形」と訳されている形ですが、「命令」という言葉
が多くの誤解を生んでいます。

英語では imperative mood。imperative は「すぐに
しなければいけない、緊急を要する」という意味なので、
「命令」ではなく、

相手にすぐにそうさせたい[そうして欲しい]

という自分の意志を伝える形です。

「口調と表情」が大事

【命令口調・真顔】　　　○○しろ、○○しなさい
【穏やかな口調[表情]】　ねえ、○○して、ほら、○○して

丁寧な響きにする場合は「**頭に "Please"**」を付ける
のが基本〈「後付け」では効果が弱くなります〉。

Be quiet.　　　　　　　静かにしなさい。

Be yourself.　　　　　　自分らしくいよう。

Be my guest.　　　　　　《返答で》どうぞ。遠慮しないで。

Don't be shy.　　　　　　(ほら、) ためらわないで。

Help me.　　　　　　　　助けて。(ねえ、) 手を貸して。

Take a seat.　　　　　　(ほら、) 座って。

Get out of here!　　　　(ここから) 出てけっ!

Do as you're told.　　　言われた通りにしなさい。

Please, hold.　　　　　　そのままお待ちください。

Don't move!　　　　　　動くなっ!

Don't wait for it to happen, make it happen.
起こってくれるのを待つのではなく、自分でそれを起こすんだよ。

■ 動詞の原形 → 「相手に実行を促す形」

「命令形だから動詞の原形になる」のではなく、「**動詞の原形を使うから、命令形になる**」。このことが重要です。つまり、「**動詞の原形自体が「実行」という意味を表す**」のです。このように捉えれば「原形不定詞」というものの意味と役割もわかるようになります。

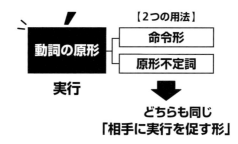

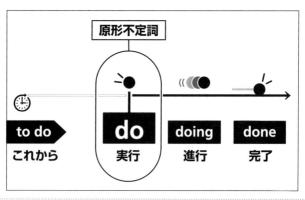

CASE 1　All you have to do is **do**

使用頻度が高く、大学入試レベルのフレーズでもある
All you have to do is **do** it.（それをするだけでいい）

この **do**（動詞の原形）はまさに**「相手に実行を促す形」**
です。to do も可とされていますが、原形のほうが勢い
も感じられてはるかに自然です。

All you have to do is　　　**do** it.
「あなたがするべきことはただ一つ。それを**するんだ**。」

All you have to do（あなたがするべき／すべてのこと）

CASE 2　had better **do**

「すぐに○○しなよ[しないとだめだ]」

had が過去形なので「既にやり終えていたほうが（やり
終えていないよりも）betterだ」。そして、**do** は「動詞
の原形（相手に実行を促す形）」です。これら2つが合わ
さっているので、「直ちに実行することを強く促したい」
時に使います（否定の場合は had better **not** do）。
should do（どちらかと言えば、○○したほうがいい／
○○するほうがプラスになる）と違い、had better do
は相手をちょっと焦らせる表現です。

CASE 3　動詞の原形を伴う使役系動詞

原形不定詞

make ▷ A ┃ **do**

《何とかして A が○○する
のを実現させる》

She made me **do** the dishes.
(彼女は僕に皿を洗わせた)

let ┃ A ┃ **do**

《制限・束縛などを解いて
A に自由に○○させる》

I don't wanna let you **go**.
(君を離したくない)
wanna = want to

have ▷ A ┃ **do**

《(強制ではなく)Aが○○
するという状態を実現する》

I'll have my friend **pick**
me up.
(友達に迎えに来てもらいます)

help ▷ A ┃ **do**

《Aが実際に○○するよう
[できるよう]助ける》

I helped her (to) **do** it.
(彼女がそれを実現できるよう助けて
あげた)

使役系の動詞で原形不定詞を伴うのは上記の4つだけ。
help は help A to do の用法も可能です。
〈P.120「1つのまとまりとして捉える」も参考にしてください〉

CASE 4　that 節中の動詞が原形になるもの

「要求・指示・提案などを表す動詞で that 節を続ける場合、節の中の動詞は原形にする」という文法ルールも「相手に実行を促す形」を理解していれば、文法ではなく感覚で正しい形が選べるようになります。

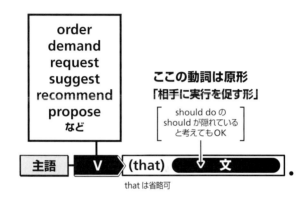

order
demand
request
suggest
recommend
propose
など

ここの動詞は原形
「相手に実行を促す形」

[should do の
should が隠れている
と考えてもOK]

主語 — V ▷ (that) ▼ 文 .

that は省略可

The doctor **suggested** (that) I **have** surgery.

(医師は私に手術を受けることを勧めた)

The court **ordered** (that) the land **be** sold for the payment of debts.

(裁判所は、債務支払いのために
その土地を売却するよう命じた)

Do it!

※debts(複数の債務)

日本語の問題

「否定の疑問文」に対する返答のYes/Noが日本人には難しく感じてしまう問題 (→P.227)の一因は、「曖昧な日本語、肯定・否定をはっきりさせない日本語」にあるかもしれません。

日本語	と	英語

それは<ruby>いい<rt>・・</rt></ruby>。

プラスの評価
(それはすばらしい)

It's great./
I love it.

拒否
(それはいりません)

No thanks./
I don't want it.

. . . .

**すみません/
すいません。**

自分の非を認めて
(ごめんなさい／謝ります)

I'm sorry./
I apologize.

相手の許諾を求める時に
(あの／いいですか)

Excuse me.

感謝の気持ちを表して
(ありがとう)

Thank you./
Thanks.

. . . .

おもしろい	笑えるぐらい	**funny** a funny video （おもしろい動画）
	ワクワク[興奮]する ぐらい	**exciting** an exciting game （おもしろい試合）
	もっと深く知りたいと 思うほど	**interesting** an interesting article （おもしろい記事）

. . . .

おかしい	笑えるぐらい	**funny** That's funny. （それ、おかしいね）
	正常ではない / 正しくない	**wrong** Something's wrong. （何かがおかしい）

. . . .

■ その他

【適当な】①いい加減な、無責任な(lazy/irresponsible)
②最もふさわしい (suitable/right)

【理屈】①理にかなった考え (reason)②こじつけ (excuse)

　※「理(ことわり)が屈(くっする)」という漢字の組み合わせは
　「おかしい」と思いませんか？

定形和訳の丸暗記が生む不要な混乱

Do you mind ...? に対する返答で **Yes** か **No** かで混乱してしまうのは「... してもいいでしょうか?」という和訳の丸暗記が原因ではないでしょうか。

■ **mind (...)**　(... を) 気にする [嫌だと思う]

"Do you mind if I call you sometime?"

✕　近いうちに電話してもいいでしょうか?

◯　近いうちに電話したら**困りますか / 迷惑ですか?**

"No, not at all."
いや、全然 (電話して)。

"Yes, I do."
はい、困ります (電話しないで)。

STEP

2

「時制」
～「時」に敏感になる～

52
pages

文の表す内容が、
今のことなのか、それよりも前のことなのか、後のことなのか、
または、常にそうなのか ...

「正確な時制」は
「主旨が明解な文」を組み立てる上で
とても重要な要素です。

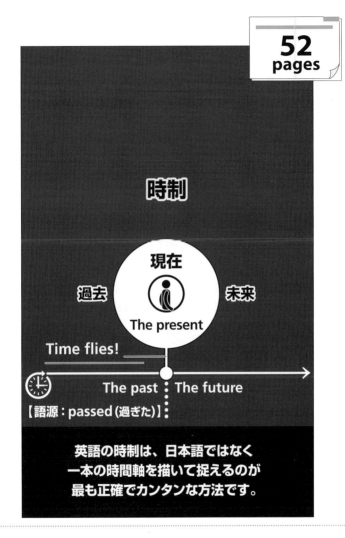

時制

現在

The present

過去

未来

Time flies!

The past : The future

【語源：passed（過ぎた）】

英語の時制は、日本語ではなく
一本の時間軸を描いて捉えるのが
最も正確でカンタンな方法です。

247

英語の時制を学ぶ前に
理解しておくべき
大事なこと。

それは、

「現代日本語では時制を明確に示せない」
ということ。

以下の例で「... ている、... た」の用法を
確認してみてください。

... ている ... てる

「現在進行形」の印象が強いですが、
主に 3 つの時制を表します。

彼女はトヨタで働い**ている**。 **普段のこと/常態**
(She works for TOYOTA.)

そのことは知っ**ている**。 **普段のこと/常態**
(I know that.)

今、彼は料理を作っ**ている**。 **現在進行**
(He's cooking right now.)

それはもう終わらせ**ている**。 **現在完了**
(I've done it.) **!**

た	「過去形」の印象が強いですが、 主に 3 つの時制を表します。

(驚かされた瞬間)ああ、びっくりし**た**。 　　**認識の瞬間**
(I'm surprised.) 　　**(現在)**

(探しものを見つけた瞬間) あ、あっ**た**。 　　**認識の瞬間**
(Here it is!) 　　**(現在)**

あれは捨て**た**。 　　**過去**
(I threw it away.)

今、着きまし**た**。 　　**現在完了**
I've just arrived. 　　**!**

「ている」、「た」どちらにも現在完了の用法があります。

いかがでしょう。すべての用法を正しく理解していましたか?

「ああ、びっくりした」の「た」を過去を表す助詞だと思っていたら I **was** surprised.と誤訳してしまいます。

日本語の「た」について国語学者の大野晋は『日本語の教室』〈岩波新書 (P. 21-23)〉で次のように語っています。

古文の表現法では、時に関して現在よりももっと表現法が豊富だったのです。

雨降りき

(雨ガ降ッタ記憶ガアル) **記憶**

雪降りけり

(雪ガ降ッタコトニ気ガツイタ) **気づき**

雨もやみぬ

(雨モスデニ止ンデイル) **完了** (自動詞につく)

野島は見せつ

(スデニ野島ハ見セタ) **完了** (他動詞につく)

梅の花咲けり

(梅ノ花ガ咲イテイル) **完了持続**

月は照りたり

(月光ハ皎々ト照ッテイル) **完了持続**

このように六種類もあって、使い分けていましたが、中世の混乱期に言語の規範を守る意識がゆるみ、この六つのうち、五つが次第に使われなくなり、一つだけ「たり」が

残ったのです。さらにこの「たり」の「り」が落ちて現在の「た」が成立しました。ですからこの**「た」は、時について、すでに亡びてしまった表現法が以前区別していた、記憶、気づき、完了、持続などの意味を背負い込んでいます。**

（中略）

現代日本語の「た」は、過去のこととして記憶にあるということ、今気がついたということ、今も確かにその状態にあるということ、それらの意味を併せて表現する形なんです。

注）**太字**は本書による強調箇所です。

英語の時制は１本の時間軸を描いて捉えましょう

日本人の多くが、「私はそのことを知っています」をI'm knowing that.と間違えたり、現在完了形を使いこなせなかったり、英語の時制に関する苦手意識を持つようになる主要因は「英語の時制が難解なのではなく、**時制を明確に示せない日本語**」である可能性は極めて高いです。そこで有効なのが、過去→現在→未来を結ぶ１本の時間軸を描いて時制を捉える方法です。現代日本語で捉えようとすると混乱してしまう英語の時制が正確に理解できるようになります。

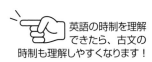

「**た**」の意味は？

宿題やった？ ⤴

やった。 ⤵

じゃあ、ご褒美。

やったー！ ⤴

英語の時制を理解できたら、古文の時制も理解しやすくなります！

いわゆる「未来形」を**「現在未来形」**に

now

🕐 過去　　　　**「現在」**　　　　未来

「未来」と聞くと、ずいぶん先のことを想像する人も多いのではないでしょうか。英語の**the future** は the time after now (今よりも先の時間)。1 年先も、1 秒先も「the future (未来)」です。英語の時制の**「未来形」**というのも**「現在の時点から、(ほんのわずかでも) これから先のことを語る形」**です。未来にワープして、未来という時点から、未来の出来事を語るのではありません。

なので

現在未来形

「現在(の時点から)**未来**(を語る)**形」**と
「現在の時点から」であることが
はっきりとわかるようにします

この 「現在」 という一言を加えることで
「時制の一致」 も感覚で正しい組み合わせができるようになります。

いわゆる「現在形」を**「普通形」**に

過去	現在	未来

いわゆる**「現在形」**は
「現在だけではなく」

過去 - 現在 - 未来を隔てることなく1本の時間として捉える
「時間の範囲を限定しない形 (上図参照)**」**です

なので

普通形

と言い換えたほうが、
「時間区分としての現在[今]」との混乱が解消し
特徴もつかみやすくなります

他にも「普段形、常態形、普遍形」などが考えられます。皆さんが
上記の特徴を最も捉えやすい用語を選んでも構いません。
大事なのは「現在だけではない」ということです。

本書では、この2つの用語を使って
英語の時制を説明していきます。

「英語の時制」の
基本を
8ページに
まとめました。

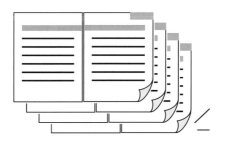

ポイントは
過去・現在・未来という日本語に惑わされないこと、
1本の時間軸で視覚的に捉えることです。

この STEP では
「(文法用語)過去分詞形」を「done」
「(文法用語)過去形」を「did」と
表記します。

英語の時制は「普通形（いわゆる現在形）」と「それ以外」をはっきり分けるのがポイント

「普通形」は本書独自の文法用語

時間区分を特定しない **1 本の無限の線** ●●●●●●●●●●●●●●●●●●	**do** **普通形**（いわゆる現在形） 「現在」だけではない〈右図参照〉

普通形(上記)が表す
1本の無限の線の中の

どこか一点（　　●　　）

または

一定の範囲（ ●──● ）

重要

will も「現在形」の1つ
です。

現在形 →
will do
●●
現在未来形

→
be doing
●●
現在進行形

→
have done
●●
現在完了形

did (-ed形)
過去形

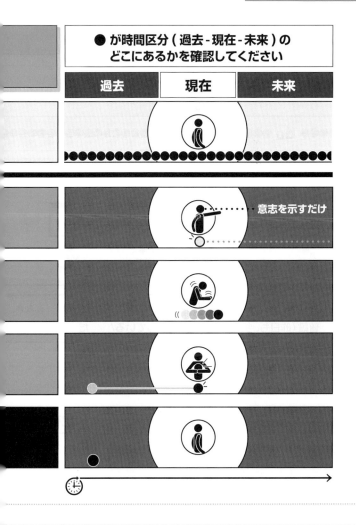

● が時間区分 (過去 - 現在 - 未来) の
どこにあるかを確認してください

| 過去 | 現在 | 未来 |

意志を示すだけ

257

普通形 （いわゆる「現在形」）

普通形 （時間の範囲を限定しない形）

●●●● do ●●●●●●●●●●●●●●●●●●●●●●●●●●●●●●●

普段のこと、常態を表す

I do it.
普段（昨日も、今日も、明日も）○○**している/**○○**だ**

過去	現在

「かつて」そういう時期があった場合は
I used to do it. （昔は（よく）○○していた）

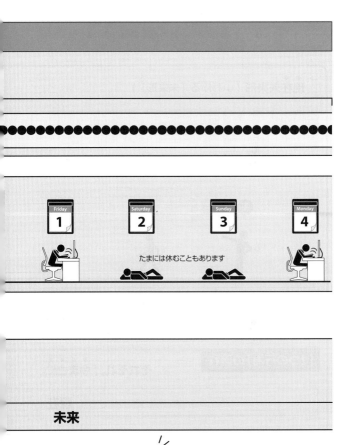

たまには休むこともあります

未来

「普通のこと」は「普通形」

現在未来形（いわゆる「未来形」）

will do	be going to do
今まさに、意志を示す	今まさに、決めたことに向かって進んでいる

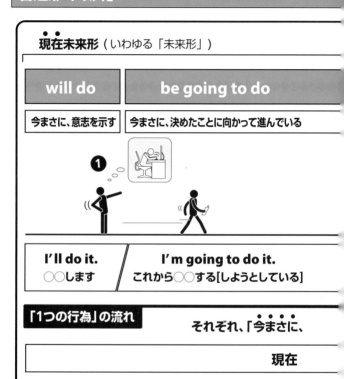

I'll do it.	I'm going to do it.
○○します	これから○○する[しようとしている]

「1つの行為」の流れ

それぞれ、「今まさに、

現在

 「過去」

	現在進行形	現在完了形	過去形
	be doing	**have done**	**did**
	今まさに、している	今まさに、完了	**過去のこと**
	❷	❸	❹
	I'm doing it. ○○している	**I've done it.** ○○し終わった	**I did it.** ○○した

「どういう状態か」を表す形

完了した
「1つの行為」は
過ぎ去ったこととして
過去 に

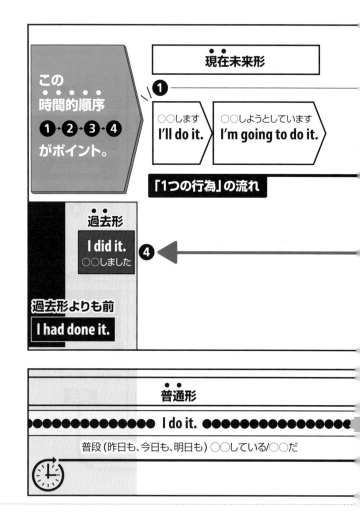

この
時間的順序
❶→❷→❸→❹
がポイント。

現在未来形

❶

○○します
I'll do it.

○○しようとしています
I'm going to do it.

「1つの行為」の流れ

過去形

I did it.
○○しました

❹

過去形よりも前
I had done it.

普通形

●●●●●●●●●●●●● I do it. ●●●●●●●●●●●●●●●●●

普段 (昨日も、今日も、明日も) ○○している/○○だ

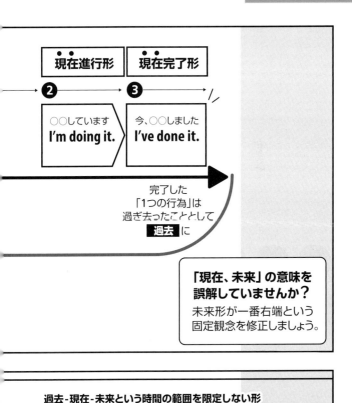

現在進行形 　　現在完了形

❷　　　　　❸

○○しています
I'm doing it.

今、○○しました
I've done it.

完了した
「1つの行為」は
過ぎ去ったこととして
過去 に

**「現在、未来」の意味を
誤解していませんか？**
未来形が一番右端という
固定観念を修正しましょう。

過去-現在-未来という時間の範囲を限定しない形

解説と補足

この章でカバーしている
主な文法事項

現在形
過去形
未来形
現在完了形（経験・継続・完了）
過去分詞
仮定法
時制
大過去

※文法用語を覚える必要はありません

265

do

| 過去 | 現在 | 未来 |

普段(昨日も、今日も、明日も) ○○**している/**○○**だ**

「普通形」の特徴は、他の形と比べると鮮明になります。
左右の例文を比較してみてください。

What do you do? ·····························
普段何をしているんですか?

I study English. ·····························
〈普段から〉英語を勉強しています。

He's rude. ·····························
〈普段から〉彼は失礼なやつだ(そういう性格だ)。

The earth goes around the sun. ·················
〈宇宙の法則に則って常に〉地球は太陽の周り回っている。

The show starts at seven. ·····················
〈通常通り / 公演日程では〉公演開始は7時です。

How long does it take to get there? ············
〈通常 / 運行計画では〉そこまでどのくらいの時間がかかりますか?

（時間の範囲を限定しない形）普通形

	普通形	現在進行形
	What do you do?	What're you doing?
	I'm a boxer.	I'm working out.
	ボクサーです。	トレーニングです。

••••• **What are you doing?**
〈今まさに〉何をしているの?

••••• **I'm studying English.**
〈今まさに〉英語を勉強している最中です。

••••• **He's being rude.**
〈今まさに〉彼の態度は失礼だ。

••••• **The earth is going around the sun.**
〈今この瞬間もまさに〉地球は太陽を回っている。

••••• **The show will start at seven.**
〈開演時間が未定だった時に〉公演は7時に始めます。

••••• **How long will it take to get there?**
〈予測がつかない時〉そこまでどのくらいの時間がかかるでしょう?

頻度を表す

普通形は「**そのままでも高い頻度**（always（100%）～ often（70%前後））**を表します**」。地球が太陽を回っているのは常に（100%）ですし、週休2日での勤務は 5/7日 → 約70% です。およそこの程度であれば副詞を添える必要はありません。

頻度を明示する場合は以下の副詞を添えます。日本語の頻度を表す表現（いつも、よく、しばしば、結構など）は曖昧なので、数値で把握しておいたほうが正しく使えます。

【頻度 (Frequency)】

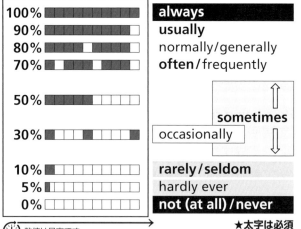

sometimes は「rarely/seldomよりは多くoften未満（多いとも少ないとも言えない頻度）」なので、「時々」とは限りません。

I usually walk to the station, but sometimes take a bus.
いつもは駅まで歩きますが、バスを使うこともあります。

頻度の精度を上げる

左の表の数値も、人によって捉え方が多少異なります。
「どのくらいの期間で○○回」など、表現を工夫すれば
頻度の精度を上げることができます。

once / twice a week	毎週1回 / 2回
three times / four times etc. a month	毎月3回 / 4回 ...
everyday	毎日
every Monday	毎週月曜日
every four years	4年に1度
every weekend / on weekends	毎週末
every weekday / on weekdays	平日は毎日

■■□ 頻度を質問する場合は How often 〜?

"How often do you see him?" "Two or three times a week."
「彼とはどのくらいの頻度で会ってるの?」「週に 2,3 回。」

※ Twice or three times ... とは言いません。

---

will を正しく理解するための2つのポイント

「主体の意志」/ 「主体の意志に基づく 判断」を示す	
「現在の時点から、 これからのこと」 を語る	

【基本の意味】　現在　　　　未来

$\left[\begin{array}{l}これから○○するという意志 \\ これから○○になるという判断\end{array}\right]$ をはっきり示す

〈強い気持ちを込めて〉○○するよ、○○になるよ

POINT！

✕ ○○するつもりだ、○○だろう

will は名詞で「(強い)意志、遺書(生前に自分の(強い)意志を記したもの)」、**willpower**は「(強い)意志の力」。
助動詞 will はその仲間ですから、当然「(強い)**意志を示します**」。
日本で教えている「つもりだ、だろう」という訳は**弱過ぎ**で、誤用を生む原因になっています。修正しましょう。

現在未来形

I will win the next game.《意志表明》
次の試合、(絶対)勝ちます [勝ちにいきます]。

I'll do it for you.
それ、僕がやってあげるよ。

He said he would, but he didn't.
彼は(絶対に)すると言ったのにしなかった。
《would : will の過去形》

Will you marry me?《プロポーズのセリフ》
結婚しよう [あなたは私と結婚する意志はありますか?]。

Don't worry, it'll be alright.
心配しないで。(それは)うまくいくよ。

What will you be when you grow up?
大きくなったら何になるの?

短縮形があるものは「短縮形が基本」

I'll (I will)、**I won't** (I will not)、**I've** (I have)、
I haven't (I have not) などの短縮形があるものは
短縮形が基本です。2 語に分けるのは、「強調したい時、
または、明確な表現が求められる論文を書く時」です。

be going to do

be going to do

will do | be going to do
be going to do <br> be gonna do 《口語》

└─ ほぼ同意

〈これから〉○○しようとしている

POINT! be going to do も **現在進行形**です

I'm going to the park.

私は進んでいる　公園に至るまで

公園に向かって進んでいる → 公園に行こうとしている

同様に

I'm going to do it.

私は進んでいる　それをすることに至るまで

それをすることに向かって進んでいる[動いている]
→ それをしようとしている

現在未来形

---

be about to do

もうすぐ○○する (be going to do very soon)
【be to do (これから○○する)《挿入》about (だいたい)】

be about to do

| will do / be going to do | | be doing |

《比較》

It'll rain.
雨が降るよ。《話者の主観的な判断》

It's going to rain.
雨が降るよ。/ 天気は下り坂。

It's about to rain.
もうすぐ雨が降る。

It's starting to rain.
雨が降ってきた。

《参考》

It's raining.   **It looks like rain.**
雨が降っている。   (空の様子を見て) 雨が降りそう。

be doing

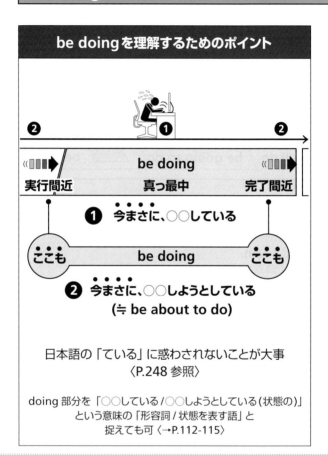

be doingを理解するためのポイント

be doing

実行間近 / 真っ最中 / 完了間近

❶ **今まさに、○○している**

ここも **be doing** ここも

❷ **今まさに、○○しようとしている**
(≒ be about to do)

日本語の「ている」に惑わされないことが大事
〈P.248 参照〉

doing 部分を「○○している / ○○しようとしている(状態の)」
という意味の「形容詞 / 状態を表す語」と
捉えても可〈→P.112-115〉

現在進行形

今まさに、○○している　　　《 ●●●●●

日本人にもわかりやすい標準的な現在進行形
〈例文は P.267 をご覧ください〉

今まさに、○○しようとしている　　《 ▮▮▮▮➡ ○○○○

この意味に なりやすい 動詞の例	get / become / turn ···· 状態変化
	come / go / run ········ 進行
	start / end ··········· 始まり / 終わり

It's getting cold.
寒くなってきている。

I'm going.
もう帰ります / 行きます。

When are you leaving Japan?
いつ日本を発つの? / 日本にはいつまでいるの?

Summer is ending.
夏もそろそろ終わり。

We're running out of gas.
ガソリンが無くなりそうだ。

> 主語が We なのは自分と一緒に
> 乗っている同乗者がいるから。
> 一人で運転しているなら I'm ...

I'm deciding.
考え中です / 今、決めようとしているところです。

be doing が表すもう一つの意味

❸ ○○している予定になっている

現在進行形に未来の時を表す副詞（tomorrow, next week など）を添えれば、「予定では、未来のその時に○○している」という意味を表します。

We're having a party this weekend.
今週末、パーティーをします。

What are you doing tonight?
今夜は何してる（予定ですか）？

I'm playing tennis with Lisa tomorrow.
明日はリサとテニスをする予定です [していると思います]。

If you hit it, it will go.
当てれば飛んで行くよ

俺はホームランを打つ！
宣言 I will hit a homer!

It's

伸びている
going...
進行

実際に頭に思い浮かべながら ...

What are you doing tomorrow?

明日は何してる?

I'm doing ...

伸びている
going...
進行

入ったぁ
gone!
完了

《試合終了後》I hit a homer and we won. 過去
(僕がホームランを打って僕たちのチームが勝ったよ。)

have done

have done のシンプルな解釈

《have の標準的な意味》

have it
「it（それ）」を「現在持っている」

同様に

have done it
「done it（それをしたという状態）」を「現在持っている」

現在完了形

完了

I've just done it.

ちょうど今、それを終わらせた。

| I've
（私は持っている） | just done it
（ちょうどそれを終わらせた状態） |

過去から現在まで
の継続

I've been busy since last week.

先週からずーっと忙しい。

| I've
（私は持っている） | been busy since last week
（先週以来 / ずっと忙しい状態） |

過去の経験

I've been there once.

そこに一度行ったことがある。

| I've
（私は持っている） | been there once
（そこにいた状態 /1 回） |

have done

We've been together for a year.
1 年間付き合っています。

It's been a year since we started dating.
付き合い始めてから 1 年になります。
It's been a year の部分は A year has passed でも可。

"Let's go have lunch." "I've already eaten."
「ランチを食べに行こうよ」「もう食べちゃった」

"Have you decided yet?" "I'm still deciding."
「もう決めた?」「まだ考え中です (決めようとしている最中だ)」

"Have you ever tried this?" "No, I haven't."
「これ、試してみたことある / やってみたことある?」「いや、ないよ」

How many countries have you been to?
今までに何カ国に行ったことがありますか?
「今までに」という意味は現在完了形に含まれて
います。been to の部分は visited でも可。

My order hasn't come yet.
注文したものがまだ来ない。

I should have done it earlier.
もっと早くそれをやっておけばよかった。

現在完了形

《普通形との比較》

I'm busy now.
今は忙しい。

I've been busy lately.
最近ずっと忙しい (今も忙しい)。

I live in Tokyo.
東京に住んでいます。〈年月を意識していない〉

I've lived in Tokyo for about 5 years.
約 5 年、東京に住んでいます。/ 東京に住んで約 5 年になる。

How are you?
(今の) 調子 [気分] はどう? / 元気?

How have you been?
〈しばらく会っていなかった相手に〉(最近の) 調子 [気分] はどう? /
元気だった?

重要

時間的順序は「完了」→「過去」

※ アメリカ英語では「過去形」で「完了」を表すこともあります。

I've done it.　5:50

I was busy.

I did it.　6:00

did

過去形を理解するための2つのポイント

🕐 **過去**　　　　　　　　　　　　　　　　　　　**現在**

「過去形」が表すのは

❶ **過去に実際にあった [そうだった] 事実**

❷ **「現在はそうではない」ということ** ← **POINT❗**

例えば、I **loved** him. は「彼のことが大好きだった」
という意味ですが、「だった」ということは、「過去の
どこかで I love him.（彼のことが大好き）という時が
実際にあった」ということだけでなく、「現在はそうでは
ない」という意味でもあります。

"You were a bad guy."　　　　**"I was."**
「悪ガキだったよね」　　　　　　「昔はね (今は違うよ)」

過去形

《現在完了形との比較》

I loved you.
あなたのことが大好きだった（今はそうではない）。

I have loved you.
あなたのことがずっと大好きでした（今も大好き）。

I didn't read it.
それは読まなかった。

I haven't read it.
それをまだ読んでいない（今後読むかもしれない）。

《日本語の「わかりました」は過去形ではない》

"Do you understand?" "Yes, I understand."
「わかりましたか?」「はい、わかってます」

★過去形だと「過去のある時点では理解した（今は理解していない）」
という意味になってしまいます。

値札の表記 ————

「**WAS**」1語で旧価格を表しています。
(This item) **WAS $19.99.**
(この商品)19ドル99セントでした。
（ 今は違うよ ）

WAS **$19.99**

NOW **$9.98**

1234567890 XC123ICP

現在のことに「過去形」を使う（その1）

**「過去形」には
「現在はそうではない（前ページ❷）」
という意味もあります。**

なので

現在のことに「過去形」を使うことで、

**「現時点において、それはない[あり得ない]こと」
を表します。**

《普通のif文》

If I have time, I will call you.
暇があれば（必ず）電話します。

| 可能性は
低いけれども
無くはない |

過去形に

If I had time, I would call you.
暇があったら電話するんだけど（暇がないから電話しない）。

| 可能性は
ゼロ |

When I have time, I will call you.
暇な時に（必ず）電話します。

| 可能性が高い
（積極的）
なら
when |

【be動詞は were】

I に使う be動詞は、現在なら am、過去なら was ですが、「**文法的に最もあり得ない組み合わせ I were**」とすることで「**最もありえないこと、現実ではないこと**」が強調されます。

現代英語では **was** も可とされていますが、この語法の効果を活かすためにも、積極的に were を使ってみてください。I 以外のどんな主語 (it , he , she ...) でも were ですから迷うこともありません。

If I <u>were</u> you, I <u>would</u> call her.

僕だったら、彼女に電話するけど (僕は君じゃない)。

【「過去のある時点のこと」だったら】

 If I <u>knew</u> that, I <u>would</u> tell you.

もしそのことを知っているなら、君に話すけど (知らないから無理だ)。

過去   had done   助動詞過去 +have done

If I <u>had known</u> that, I <u>would have told</u> you.

(その時) そのことを知っていたら君に話してたよ (知らなかったから話せなかった)。

I wish she <u>were</u> here.

彼女がここにいてくれたらなあ（でも無理だ）。

I remember the day as if it <u>were</u> yesterday.

その日のことをまるで昨日のことのように覚えている。

It <u>might</u> rain.

ひょっとしたら雨が降るかも。/ 雨が降らないとは断言できない。

"Why don't we have dinner tonight?"
"I wish I <u>could</u>, but I have plans."

「今夜食事でもどう?」
「できたらいいんだけど、ちょっと予定があります」

助動詞を過去形にすると、意味が弱まります	

	過去形 弱
will 強い意志	would 〈短縮形〉'd 弱
may 五分五分	might 弱
can 高い可能性	could 弱
should どちらかと言えばプラス	
must 絶対	過去形はありません

助動詞の詳しい使い方は **STEP 1** (P.134-137)

現在のことに「過去形」を使う（その2）

「過去形」には
「現在はそうではない（P.282 **2**）」
という意味もあります。

なので

現在のことに「過去形」を使うことで、

「今そうでなくてもいいけれど...」
というニュアンスが生まれて
「控え目な/丁寧な響きに」なります。

Can you help me?
手伝ってくれる？

| 可能性を
ストレートに
聞く |

過去形に

Could you help me?
(もし可能なら) ちょっと手伝ってもらえませんか？

| 可能性を
遠慮がちに
聞く |

Help me.
手伝って。

| 最も
ストレートに
伝える |

Would you like something to drink?

何かお飲み物はいかがですか?

I'd like some water.

お水を頂けますか。

I'd be glad to.

《頼み事をされた時の返答で》喜んで。

I was wondering if you could come with me?

一緒に来てもらえないかなあ。

I'd rather stay here.

どちらかと言えば、このままここにいたいなあ。

You might want to do something different.

もしかしたら本当は違うことをしたいのかな(そうしてもいいんですよ)。

「過去形」は丁寧に感じる?

日本でも「○○でよろしいでしょうか」を「○○でよろし**かった**でしょうか」と言う人がいます。誤用とされていますが、「過去形にすると何となく丁寧に感じる心理」は英語の感覚に近いかもしれません。

現在のことに「過去形」を使う（その3）

**「過去形」は
過去に実際にあった [そうだった] 事実（P.282 ❶）」
という意味を表します。**

なので

現在のことに「過去形」を使うことで、

**「既に起こって、過去の事実になっているべきこと」
という意味を表します。**

It's (about) time you <u>went</u> to bed.

もう寝ているはずの時間だ (今すぐ寝なさい)。

I'm sorry, what <u>was</u> your name again?

（一度聞いて覚えているべきなのに）すみません、お名前何でしたっけ？

We'd better leave (here). 〈We'd = We had〉

この場は (今すぐ) 立ち去ったほうがいい。

We'd better leave (here).

had done = did よりも前の「過去」

さらに「過去」 | 「過去」 | 現在

did

had done

Nick

➡️ 「ここから」右へ読んでください。

5:40 ▶ **5:50** ▶ **6:00**

現在

Nick left his office at 5:40.
ニックは 5:40に
オフィスを出た。

I got there at 5:50.
僕は 5:50に
そこに着いた。

When I got there, Nick had already left.

僕がそこに着いた時、ニックはもうそこを出ていた。

〔シンプル表現〕 When I got there, Nick wasn't there.

そこにはいなかった

> **I realized (that) Nick had already left.**
>
> ニックはもうそこを出ていたことを知った。

時の描写に使う主な前置詞

基本の3つ （広い範囲から特定へ）

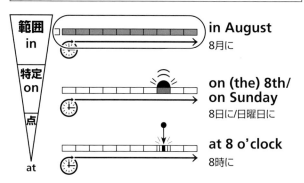

範囲 in — **in August**
8月に

特定 on — **on (the) 8th/ on Sunday**
8日に/日曜日に

点 at — **at 8 o'clock**
8時に

in は広い時間範囲を表すので、その範囲の中で色々な活動をしたり、予定を自由に入れることができます。
on は「in の範囲の中の**日**を特定」、**at** は「**時刻**を特定（最小単位まで特定）」するのが主な役割です。

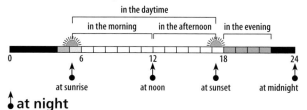

↓ at night

多くの人々にとって night は眠っている時間（色々な活動をしない時間/ベッドという一点で動かない時間）なので、実際に時間の幅があっても、範囲を表す in ではなく点を表す at です。

時の「長さ」

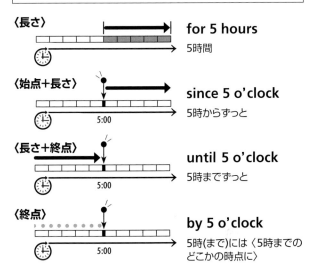

〈長さ〉 for 5 hours
5時間

〈始点+長さ〉 since 5 o'clock
5時からずっと

〈長さ+終点〉 until 5 o'clock
5時までずっと

〈終点〉 by 5 o'clock
5時(まで)には〈5時までの
どこかの時点に〉

I've been working for 5 hours.
5時間ずっと働いています。

I've been working since 5 o'clock.
5時からずっと働いています。

I'll wait until 5 o'clock.
5時まで待ちます。

I'll hand it in by 5 o'clock.
5時までにはそれを提出します。

「今(いま)」とは「あなたが切り取る時間」

時間というものは誰にも止められません。私たちの意志とは全く無関係にどんどん過ぎていきます。

もし、「今(という瞬間)」を意識せず単調な毎日を過ごすなら、普通形の文だけで1日の描写はほぼ可能です。

Hi, I'm Bob.
どうも、ボブです。

I wake up when my alarm goes off.
目覚ましが鳴ったら起きます。

I eat breakfast, watching TV.
テレビを見ながら朝食を食べます。

I love my eggs sunny-side up.
目玉焼きは片面焼きが最高。

I leave for work at around 8.
8時頃、仕事に出かけます。

I take the 8:08 bus.
8時8分のバスに乗ります。

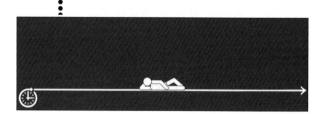

時制で言う「現在」は、時計の針が示す時刻とは関係ありません。あなたが「今だ」と切り取る一瞬が「現在」です。

現在未来形	I'll do it.	○○します
	I'm going to do it.	○○しようとしています
現在進行形	I'm doing it.	○○しています
現在完了形	I've done it.	今、○○しました

「よし、○○しよう」と意志を働かせた一瞬が **I'll do it.**、決めたことに向かって進んでいる一瞬一瞬が **I'm going to do it.**、実際にしている一瞬一瞬が **I'm doing it.**、そして、その行為が完了した一瞬が **I've done it.** です。日々の生活の中で積極的に **I will ...** を使えば、それと同じ数の **done**（経験・成果）が増えていき、充実した毎日になっていきます。「主体を中心に据える英語」を通して主体性・積極性というものを身につけることは可能です。

Seize the day!※
Carpe diem
I will change!

※意味：今を逃すな / 今を大切に。下はラテン語。

「名詞の精度」
にこだわる

59
pages

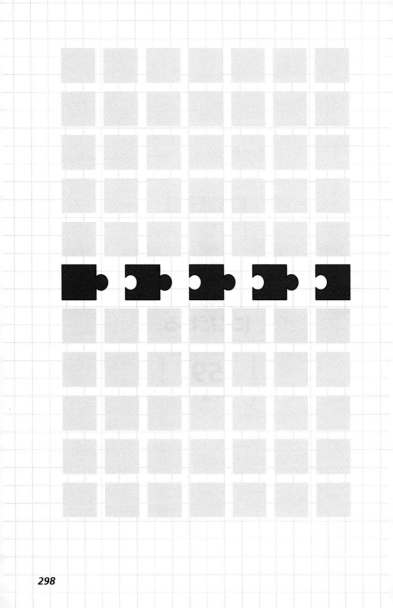

「名詞の精度」にこだわる

「主旨の文」+補足という
文の基本構造を理解したら、
最後は
文の構成要素「名詞」の精度に
こだわりましょう

英語の名詞は 3 種 類

数　　　量　　　…

実体 と 概念

一番重要な 数えようとする意識

英語だけでなく、フランス語、ドイツ語など、欧米の主要言語には「冠詞」と「可算名詞・不可算名詞」という日本語にはないものがあります。

〈一例〉 不定冠詞：1つの実体であることを表す

英語	**a**[ア]/**an**[アン]
フランス語	**un**[アン]/**une**[ユヌ]
ドイツ語	**ein**[アイン]/**eine**[アイネ]

綴りは違いますが音は似ています

少しだけ視点をずらして、上の文を書き換えてみます。

イギリス、アメリカだけでなく、フランス、ドイツなど、科学の分野で原子や遺伝子などの様々な数えられる実体を発見してきた欧米の主要諸国の人々は、「冠詞」と「可算名詞・不可算名詞」という日本人が面倒だと感じる名詞の表現法を、日常生活の中で当たり前のように使いこなしています。

英語のためだけなら面倒に思えることですが、
英語の名詞の表現法をしっかりと理解し、
使いこなせるようになると、
論理的思考力・数学的思考力は
「確実にアップ」
します。
是非マスターしてください。

COUNTできる = 実体がある = 重要なこと

count(数)の動詞形には「数える」という意味だけでなく「重要だ(be important)」という意味があります。また、matter(=substance 実体)の動詞形にも同じく「重要だ(be important)」という意味があります。

つまり、「**1,2,3とカウントできるということは、認識できる実体であるということ。そしてそのことは、重要なこと、意味があること**」ということです。

Every vote counts.
一票一票に重みがある。

What matters most is how you live your life.
一番大事なことは自分の人生をどう生きるかだ。

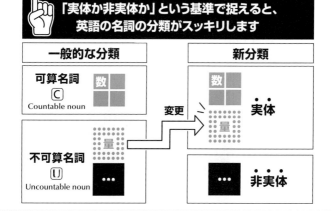

「実体か非実体か」という基準で捉えると、英語の名詞の分類がスッキリします

一般的な分類	新分類
可算名詞 C Countable noun 数	数 **実体** 量
不可算名詞 U Uncountable noun 量 ...	... **非実体**

変更

いわゆる「不可算名詞」を **2つ** に分ける

「**不可算名詞**」と呼ばれているものを「**実体か、非実体か**」という基準で2つに分けるとスッキリします。

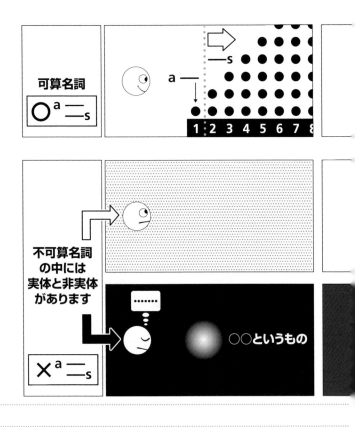

〈 実体と非実体の2つに分ける 〉

この基準
が重要

「実体としてはっきり認識できる」から
数えられる もの/こと

ball（ボール）、human（人間）、etc.

実体

「実体として認識できる」けれど
数えられる状態ではない もの/こと

water（水）、air（空気）、etc.

「実体として認識できない」から
数えられない もの/こと

love（愛）、peace（平和）、etc.

**実体
ではない**

名詞の基本を
10ページに
まとめました。

3つのポイント

❶ 「実体」と「非実体」を区別すること
❷ 「数値化しようとする意識」
❸ 「特定しようとする意識」

a/an は one(1つの)が語源です

英語の名詞は 3 種 類 で考える

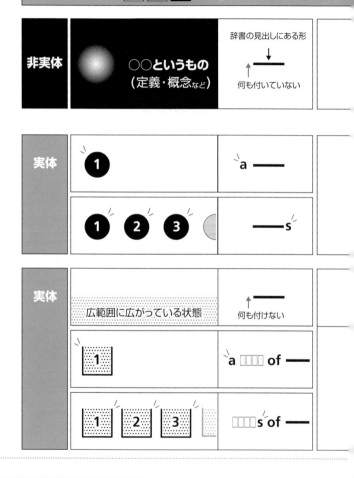

非実体	○○というもの （定義・概念など）	辞書の見出しにある形 ↓ ― ↑ 何も付いていない
実体	①	ˊa ―――
実体	① ② ③ ◗	――― sˊ
実体	広範囲に広がっている状態	↑ 何も付けない
	1	ˊa ▢▢▢▢ of ―――
	1 2 3	▢▢▢▢ sˊ of ―――

〈抽象名詞 / 「数」名詞 / 「量」名詞〉

「実体ではない」から

数えられない

抽象名詞
Abstract noun

love　（愛）
peace（平和）
etc.

「実体」だから

数えられる

数(かず)名詞
Count noun

a ball（ボール1個）
two balls（ボール2個）
three balls（ボール3個）
⋮

「実体」だけれど

数えられる状態ではない

water（水）

しかし

容器や「算数・理科で使う単位（liter/gram など）」を使えば

数えられる

量(りょう)名詞
Mass noun

a cup of water（水1杯）
two cups of water（水2杯）
three cups of water（水3杯）
⋮

いわゆる「可算名詞、不可算名詞」というものは
決められた形ではありません。
「**素**(す)**の形**(辞書の見出しにある形)」に
手を加えてあなたが作るものです。

《例：dog》

不可算状態

dog …
[dɒg]
C noun

"dog" **というもの**
an animal with four legs, fur,
and a tail

実体に

可算状態

a dog
=

woof!

dogs
=

woof!　woof!　woof!

a dog　a dog　何匹でも　a dog

dogs（複数形）は「1」という単位の犬 (a dog) が「2以上」と捉えましょう。

「数」名詞は、○個、○人、○匹などの数え方を考える必要
がありません。物も人も動物も区別すること無く「1」と
いう単位で捉えます。1つなら a ー、2つ以上なら ー s と
迷わず**実体化**しましょう。**数え方を考えるのは「量」名詞
のほうだけです。**

まとめ

数えようとする意識 さえあれば
英語の名詞は辞書で調べなくても活用できます！

数えようにも数えられない非実体
（定義・概念など）**は**

明らかに数えられる実体なら

a ——— ———s

**数えようと思えば数えられる実体なら
器や単位などを使って**

a □□□□ of ——— □□□□s of ———

（数えられる状態でないなら 何も付けない ———）

a は「実体詞（実体であることを確定する詞）」

Alphabet 26文字（a から z）の最初の **a**。
たった1文字ですが、英語という言語システムの中で
極めて重要な役割を果たしています。
「実体詞」は「不定冠詞」という用語を言い換えた本書独自の用語です。

具体例

《例:time》

What is time?
時間とは何だろう?

I've been there three times.
そこには3回行ったことがある。

It took a lot of time to do it.
それをするのにすごく時間がかかった。

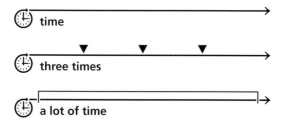

《例:school》

go to school
学校というところ(= 勉強するのが目的の場所) に行く→学校に通う

go to a school
ある1つの(実在する)学校に行く

質問する場合は

  What is ...?

  How many ...?

 (量・大きさ・広さ・長さ etc.)

 How much/large/long/etc ...?

 も意味・定義を聞く場合は What is ...?

few と a few

「(数が) ほとんどない」という意味の **few** の前に、a を付けて **a few** とすれば「2,3(の)、いくつか(の)」という意味になります。これも「**a を付けることで数えられる数、実体のある数を表すようになる**」からです。類語の **little** ((量が)ほとんどない) が **a little** で「(量が)少し(の)」という意味になるのも同様です。

Pessimists say "There are **few**," but optimists say "There are **a few**."

悲観的な人は「ほとんどない」と言うけれど、楽観的な人は「いくつかはある」と言う。

《類例》a number of ...(多少の / かなりの ...)

「実体化」したら、次は「特定」

a で「ある 1 つの実体」であることが確定しましたが、
同種のものが他にもあるので、まだ特定はできません。

主に「the を付けることで特定が完了」します

どれかは不明

<u>a</u> hotel
ある一軒のホテル
【特定はしていない】

<u>the</u> hotel
そのホテル
【特定完了】

<u>the</u> best hotel I've ever stayed in
私が今まで泊まった中で最高のホテル
【the －est（最上級）→ 最も○○な → ただ 1 つの】

<u>the</u> Ritz London
〈ホテルの名称〉リッツ・ロンドン
【世界[宇宙]でただ一つ → 固有名詞】

特定を極限まで進めたら、それは**「世界[宇宙]でただ1つ」**のものです→いわゆる**「固有名詞 (proper noun)」**

★ the の後の(各)単語の最初を大文字にする。

the Earth(地球), **the Sun**(太陽), **the Moon**(月), **the Pacific Ocean**(太平洋), **the North Pole**(北極点) など

the を付けなくても「絶対的な1つであることが明白なもの(確実にそれと特定できるもの)」は、(各)単語の最初を大文字にするだけです。

Pablo Picasso(個人名), **Apple**(社名), **Star Wars**(作品名), **Band-Aid**(商品名), **New York**(地名) など

※ 私たちの住む「地球」も「絶対的な1つであることが明白」なので、the を付けないこともあります。また、小文字表記 (earth) も可。

「所有格 (myなど) を付けることでも特定が完了」します

a house
ある一軒の家
【特定はしていない】

どれかは不明

Ken's house
ケンの家
【特定完了】

| Ken's | our |
| your | her |

「名詞の基本」は以上です ♪

に進む前に一旦本を閉じ、
周囲を見回したり、思い出したりして
名詞を探し、
それらを英語で表現してみてください。

右ページも参考にしてください。

【この順序で考えよう】

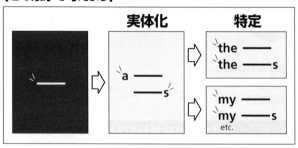

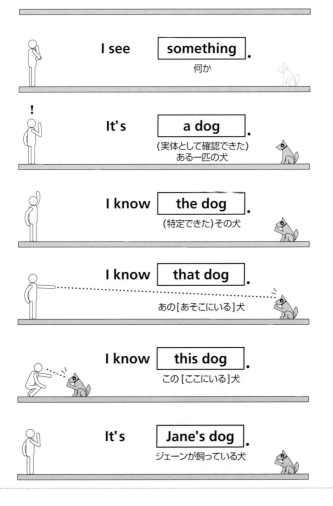

I see　**something** .
何か

It's　**a dog** .
（実体として確認できた）
ある一匹の犬

I know　**the dog** .
（特定できた）その犬

I know　**that dog** .
あの［あそこにいる］犬

I know　**this dog** .
この［ここにいる］犬

It's　**Jane's dog** .
ジェーンが飼っている犬

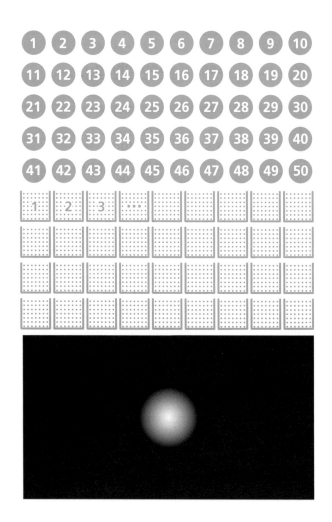

解説と補足

この章でカバーしている
主な文法事項

不定冠詞、定冠詞
可算名詞、不可算名詞
普通名詞
物質名詞
集合名詞
抽象名詞
数量詞
関係詞

※文法用語を覚える必要はありません

「数」名詞

数 具体例で「数」名詞の特徴を確認してください。
※当たり前のものは省略します (a pen, an animal など)

五感で感じ取るもの 実感できるもの ［「視覚」が主ですが、聴覚、嗅覚、味覚、触覚で感じ取れるものも数えられます］	a sound	音
	a smell	におい
	a taste	味
	a touch	感触
	a surprise	驚き
	a shock	衝撃、ショック
	a stimulus	刺激
頭の中 	an idea	アイデア
	an image	画像、イメージ
	a memory	記憶している情報
	a worry	心配事
動き・行為・活動 ［1回、2回、3回と数えるものが多い］ 	an action	行動
	a step	一歩
	a trip	外出、旅行
	a walk	散歩
	a break	休憩
	a rise	上昇
	a job	職、仕事
	a change	変更
	a try	試み、チャレンジ
	a warning	警告

グループ ［同じ目的などで1つに まとまっているもの］ 	a group	集団
	a family	家族
	a company	会社
	a team	チーム
	a crowd	たくさんの人々
	a union	団結した仲間
思考プロセスの 各要素 	a fact	事実
	a problem	問題
	a cause	原因
	a purpose	目的
	a reason	理由
	a way	方法
	a solution	解決策
	a conclusion	結論
←「数値」	a number	数〈52、5000, etc.〉
	a cost	コスト、費用
	a chance	確率 (の値)
	a population	人口、住民数

肉眼で見えなくても、機器などを使えば実体が確認できるもの

a substance	物質	a cell	細胞
an atom	原子	a nerve	神経
a molecule	分子	a black hole	ブラックホール

便利な ──s

数 英語では見えるままを素直に表現します。
「複数が見えたら迷わず ──s」です。

「山」 日本は山が多いこともあり山の
表現が豊富です。山々、山岳地帯、○○
山地、○○山脈、...。どれも複数の山から
成っています。だから、英語ではすべて
mountainsと複数形にするだけです。
米国の「ロッキー山脈」も The Rocky
Mountains(またはThe Rockies)です。

《類例》島々、○○諸島→ islands

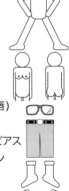

The Izu Islands

「体のパーツ」 ほとんどのパーツは左右
対称だから、基本は ──s です。そして、
そのパーツに付けるものも当然 ──s。
また、体の中にある臓器も複数あるもの
(lungs(肺)など) も当然 ──s です。

eyes	目	feet	足
ears	耳	fingers	指
shoulders	肩	lips	唇(上唇と下唇)
arms	腕	glasses	メガネ
hands	手	earrings	イアリング、ピアス
breasts	(女性の)胸	pants	パンツ、ズボン
buttocks	お尻	socks	靴下
legs	脚	shoes	靴

「複数の項目が思い浮かぶもの」

規約 (Terms (and Conditions))、規制 (regulations) など複数の条項からなるもの、取扱説明書 (instructions)、指示書 (directions) など複数のステップで手順が示されているものも、――s。

「気持ちを込める ――s」

ありがとう (Thanks.)、おめでとう (Congratulations.)、手紙の結びの句 (Best wishes, Regards など) の言葉は単数では気持ちが込もりません (日本語の「重ね重ね」という表現の感覚に近いかもしれません)。

フレーズも

close my eyes	目を閉じる
shake hands	握手する
change trains	電車を乗り換える
change jobs	転職する
On your marks.	〈陸上競技で〉位置について。

グループの捉え方は文法ではなく「どう見えるか」

group（グループ）, family（家族）などは、グループを1単位として捉えるので、「数」名詞です。
従って、動詞は単数に呼応した形にし、代名詞・目的格は it、所有格は its を使うのが基本です。

a group

a family

基本

The group is very popular.
My family lives in New York.

しかし、「グループを構成している複数の要素」のほうに意識が強く向いた場合、動詞は複数に呼応した形になり、代名詞は they、目的格は them、所有格は their となることがよくあります（特に、イギリス英語※）。

a group

a family

The group <u>are</u> very popular.
My family live in London.

※英国と米国の間でさえ捉え方が違うのですから、日本人が1つの答えを出すべきではありません。大事なのは「○○だから、単数/複数にした」という理由です。

あなたが好きなスポーツチーム、バンド、アイドルグループ
などを「1つ」思い浮かべてみてください。グループの中
の A さん、B さん、C さん … と、複数のメンバーの姿が
浮かぶはずです (左ページ下のイラストをもう一度見てく
ださい)。複数が浮かべば、間違いなく「複数受け」です。

I'm a big fan of 好きなグループ名を入れてください **.**
They're cool!

○○の大ファン。(そのグループの)みんなサイコー！

 チームやバンドの名称に複数形 (ーs) が使われる
のは、「複数のメンバーで構成されている」ことを
示すためです。
(例 : The New York Yankees、The Beatles)

グループだけれども、それぞれが違う場所でそれぞれの
行動を取るようなもの(police, cattle など)は複数が頭に
浮かぶので「複数受け」です。

Police are patrolling the area.

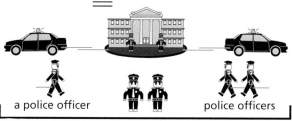

a police officer   police officers

police └ 明らかに複数です。

※cattle (牛たち)も同じように、牛舎を出て牧草地のあちこちで草を食むイメージ

all / every / each

日本語に訳すと違いがわかりにくくなります。絵で違いを
確認してください。

全体を一まとめにして捉える

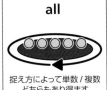

All items are on sale.
全品セール中です。

I ate it all up.
それを全部食べ尽くした。

全体の中の個々を強調

Every item is made to order.
いずれの商品も特注品です。
【made(作られた) to order(注文に合わせて)】

個々の「違い」を強調

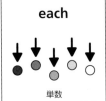

There are five parts, and directions are given for each part.
5つのパートがあり、各パートそれぞれに指示が与えられています。

each and every　each + every で「個々」を最も強調

all day
（一日中）

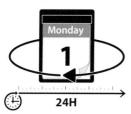

every day
（毎日）

MON	TUE	WED	THU	FRI	SAT	SUN
1	2	3	4	5	6	7
8	9	10	11	12	13	14
15	16	17	18	19	20	21
22	23	24	25	26	27	28

every other day
（2 日に 1 回）

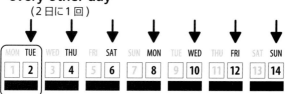

every three days（3 日に 1 回）、**every 30 minutes**（30 分に 1 回）、**every four years**（4 年に 1 回）、etc.

「量」名詞

 具体例で「量」名詞の特徴をつかんでください。
「実物を想像しながら確認する」のが大事です。

「量」で捉えるもの	salt	塩
液体・細かい粒など容器などに入れないと、まとまらないもの	sand	砂
	dust	埃 (ホコリ)
	smoke	煙
	rice	米 、ごはん
	soup	スープ

ひとまとまり、かたまり	bread	パン
実際に使う時は、全体から分けて「一部分」を使う[消費する]もの	cheese	チーズ
	cake	ケーキ
	pork	豚肉
	fish	魚の身
	breakfast	朝食 （テーブルに置かれたひとまとまり）
	furniture	家具類 （空間に置かれたひとまとまり）
	paper	紙
	thread	糸

境目がはっきりしないもの	time	時間
果てしなく広がる[続く]ようなもの	space	空間
	land	大地、陸地
	air	空気、大気
	⋮	

「量」
an amount

「一部」
a piece

「単位」
a unit

a bottle of wine	ワイン 1 本
a packet of flour	小麦粉 1 袋
a pinch of salt	塩一つまみ
a spoonful of sugar	砂糖 1 杯
a sheet of paper	紙 1 枚
two slices of bread	（スライスした）パン 2 枚
200 grams of pork	豚肉 200 グラム
two liters of milk	牛乳 2 リットル
2,000 yen worth of gas	ガソリン 2000 円分
a meter of thread	糸 1 メートル
eight hours of work	8 時間の仕事
a lot of time	たくさんの時間
a piece of land	土地 1 区画
plenty of space	たっぷりのスペース [余裕]

packet

> **量を正確に**（器・単位などで）**表現する必要がない、**
> **または表現しにくい場合は some を使います。**
> （some water, some salt, some work など）

数・量を表す

たくさん

a lot of が基本。a lot 部分が複数 (lots) になった lots of という形も同じ意味で使われます〈口語的〉。plenty of は「十分な、十分すぎるほどの」というニュアンスが加わります〈たっぷりのプレンティ〉。「数」名詞、「量」名詞どちらにも使えるので便利です。

many, much は基本的に疑問文・否定文で使います。

> ！ 数量の大きさを表す形容詞は
> 「**small** (小さい) / **large** (大きい) など」→

〈数〉a small/large number of ...
〈量〉a small/large amount of ...

small   large

少し

some が基本。数量を具体的に示す必要がない、または示しにくい時に使える便利な単語です。日本語で「少し、ちょっと、適量」と曖昧に表現している数量の多くはこの単語で対応できます。数量が多少具体的に思い浮かぶ時は a few (数)、a little (量) で言い換えられます。
several は「a few よりも若干多い数」が思い浮かぶ時に用います。
any は「無いかもしれないけれど、もしかしたらあるかもしれない」という気持ちが働く時に用います。

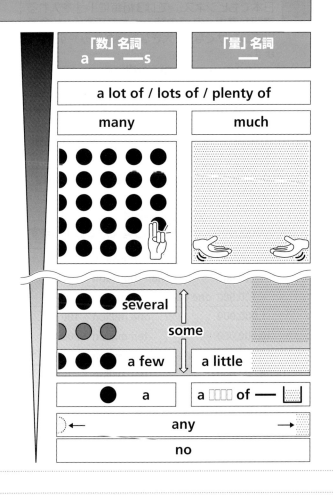

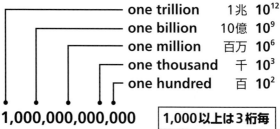

日本でもビジネスなどでは3桁毎に「,」を入れる表記が基本。英語の読みに慣れておくと社会で役立つだけでなく、大きな数字が読みやすくなります。

one trillion	1兆	10^{12}
one billion	10億	10^{9}
one million	百万	10^{6}
one thousand	千	10^{3}
one hundred	百	10^{2}

1,000,000,000,000   1,000以上は3桁毎

単語がない桁は
上記の単語×10、×100 という考え方で表現します

1,000	one thousand	1千	
10,000	ten thousand	1万	★
100,000	one hundred thousand	10万	
1,000,000	one million	100万	
10,000,000	ten million	1,000万	
100,000,000	one hundred million	1億	★
1,000,000,000	one billion	10億	
10,000,000,000	ten billion	100億	
100,000,000,000	one hundred billion	1,000億	
1,000,000,000,000	one trillion	1兆	

日本で使う「万と億 (★印)」を覚えておくと便利

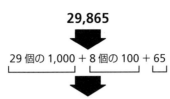

29,865

⬇

29 個の 1,000 + 8 個の 100 + 65

⬇

Twenty nine thousand (and) eight hundred sixty five

29,865 という「1つの数値 (→P.319「数値」)」なので、「代名詞は it、疑問詞は what」です。

What's the population of China? (中国の人口は?)
It's about 1,400,000,000. (約 14 億人です)

〈読み〉 one billion (and) four hundred million / one point four billion

---

具体的な単位で表現する

左の単位を使って、具体的にどのくらい「たくさん」なのかを表すこともできます。

dozens of ...	数十の ...*
hundreds of ...	数百の ...
thousands of ...	数千の ...
tens of thousands of ...	数万の ...
hundreds of thousands of ...	数十万の ...
⁝	
etc.	

*「数十の」と言う場合は tens of ... ではなく、dozens of ...(12の倍数) が普通

【パーセント・分数】

30 percent of ...	30%の ...
two thirds of ...	3 分の 2 の ...
⁝	
etc.	

分数 (FRACTION) の捉え方

■ $\frac{1}{b}$ (b分の1) を「1つの単位」と捉えましょう。

【例】
$\frac{1}{3}$ は「1つの単位」なので a third、

$\frac{2}{3}$ は $\frac{1}{3}$ が2つ（複数）なので two thirds です。

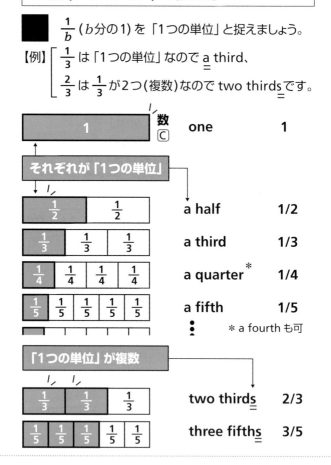

1 数 ©	one	1
$\frac{1}{2}$ $\frac{1}{2}$	a half	1/2
$\frac{1}{3}$ $\frac{1}{3}$ $\frac{1}{3}$	a third	1/3
$\frac{1}{4}$ $\frac{1}{4}$ $\frac{1}{4}$ $\frac{1}{4}$	a quarter*	1/4
$\frac{1}{5}$ $\frac{1}{5}$ $\frac{1}{5}$ $\frac{1}{5}$ $\frac{1}{5}$	a fifth	1/5

それぞれが「1つの単位」

* a fourth も可

「1つの単位」が複数

$\frac{1}{3}$ $\frac{1}{3}$ $\frac{1}{3}$	two thirds	2/3
$\frac{1}{5}$ $\frac{1}{5}$ $\frac{1}{5}$ $\frac{1}{5}$ $\frac{1}{5}$	three fifths	3/5

a quarter

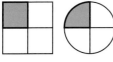

1 時間の 1/4 　15 分
1 ドルの 1/4 　25 セント (硬貨)
1 年間の 1/4 　四半期 (3ヶ月)

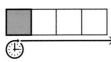 

正確に 1/4 とは
限りませんが、

(広いエリアの中
の特徴的な一角)
地区、... 街

"What time is it?" "It's a quarter to six."
「今何時 ?」「6 時 15 分前だよ」

Japan's GDP fell 3% in the third quarter.
第三四半期の日本の GDP は 3% 下がった。

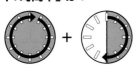

「1 時間半」は?

one <u>hour</u> + a half <u>hour</u> = one and a half hours
                                              ‗

＊ an/one hour and a half も可

two and a half hours 　2 時間半
one and a half days 　1 日半
three and a half years 　3 年半

名詞の数値化は他の品詞の精度にも関わる

名詞をしっかりと数値化することは、「数・量」だけでなく「程度・頻度・確かさ」を表す語句の精度にも関わります。例えば「頻度」。日々経験する個々の出来事を a(n) ── と感じ取ることで1回 (once) とカウントでき、同様のことを経験するごとに2回、3回、4回 (twice, three times, four times) となっていきます。「頻度」とは、この「回数」が「どのくらいの期間で」起こるかを表すものなので、

1週間に〇回、1ヶ月に〇回などのように「回数と期間」という2つの数値化された名詞がなければ表現できません。often, usuallyなどの「頻度を表す副詞」も、この根拠がないと適切なものが選べません(→P.268)。

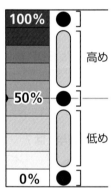

ポイント

程度などを表す語句グループは、右図のように大まかに5段階に分類できます。

【確かさ (Probability→右表)】

「たぶん」とは?　国語辞典でも「推量」と記しているだけで、具体的にどの程度なのかを定義していません。

【多分 (たぶん)】
ある事柄についての推量を表す。たいてい。おそらく。
〈デジタル大辞泉〉

【確かさ (Probability)】

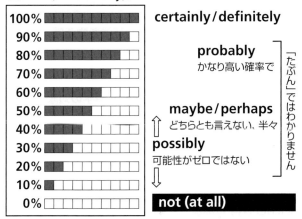

*probably に「恐らく (おそらく)」という訳が与えられていますが、恐 (おそ) ろしいことだけに使われるわけではありません

"Do you think she's interested in me?"
"Maybe." 「彼女、僕に興味あると思う?」「う〜ん、どうだろう」

She'll probably win the gold medal.
彼女が金メダルを取る確率はかなり高いと思う。

It would take an hour, possibly longer.
それは1時間、もしかするともう少し長くかかるかもしれません。

【程度 (Degree)】→P.118 も確認してください。

「名詞の描写力」は「観察力（理系能力）」

認識した対象をできるだけ正確に描写しようとする意識
[数えようとする意識/数値化しようとする意識]は英語の
ためだけではありません。**数学や科学を学ぶ時、論理的
に考える時に最も重要な意識です。**

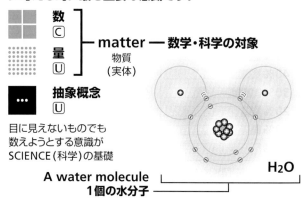

数
ⓒ

量
Ⓤ

├── matter ── 数学・科学の対象
物質
（実体）

抽象概念
Ⓤ

目に見えないものでも
数えようとする意識が
SCIENCE（科学）の基礎

H_2O

A water molecule
1個の水分子

water は Ⓤ ですが water molecule は ⓒ です。

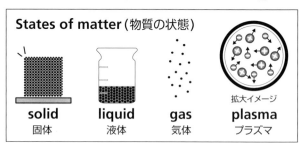

States of matter（物質の状態）

solid
固体

liquid
液体

gas
気体

拡大イメージ

plasma
プラズマ

可算名詞の「算」は「計算の算」。
名詞を「数値化」しておけば、すぐに計算に移れます。

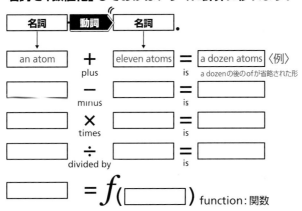

| 名詞 | 動詞 | 名詞 | . |

| an atom | + plus | eleven atoms | = is | a dozen atoms | 〈例〉 |

a dozen の後の of が省略された形

	− minus		= is	
	× times		= is	
	÷ divided by		= is	

$$\boxed{} = f(\boxed{})$$ function：関数

Countable noun の直訳は Count（数える）+able（できる）+noun（名詞）→「可数（かすう）名詞」。これを「数」ではなく、計算の「算」という漢字をあてた日本人の訳者は可算名詞の特別な意味を理解していたのかもしれません。

数
Ⓒ
量
Ⓤ

━ 計算の対象になる

液体や気体などの**「量」名詞**も、「単位」が整備されたおかげで数値化できるようになりました。**「準」可算名詞**と言ってもいいでしょう。

抽象概念 ‥‥‥ 計算の対象にならない
Ⓤ

「形容詞」で、名詞の描写を補足する

形容詞を並べる時の基本ルール

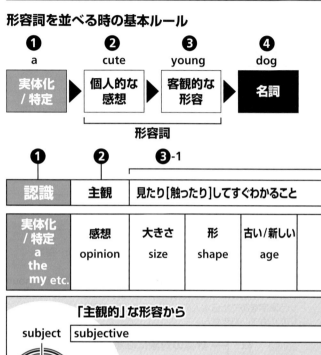

	a	cute	little	---	young
例	a	gorgeous	---	custom designed	---

What is it like?

客観性が求められる論文などでは ❷ (主観)は排除

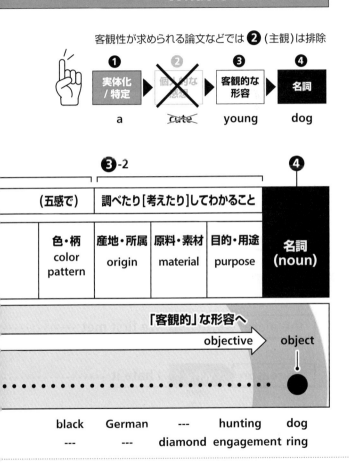

❶ 実体化 / 特定		❷ 個人的な 感想	❸ 客観的な 形容	❹ 名詞
a		~~cute~~	young	dog

(五感で)	調べたり[考えたり]してわかること			❹
色・柄 color pattern	産地・所属 origin	原料・素材 material	目的・用途 purpose	名詞 (noun)

「客観的」な形容へ

objective → object

| black | German | --- | hunting | dog |
| --- | --- | diamond | engagement | ring |

「文」で、名詞の描写を補足する

名詞(句) ◀ どんな ●━━━━━●

| 形容詞 | ▶ | 名詞 | の形で描写しにくい場合には、
関係詞 (that,who,which など)を使うと、後ろから
文のような形で描写を補足できます。

人・モノ

a person ◀ who(m) I like ·················
省略可

a thing ◀ which I like ·················
省略可

場所・理由・時

the place ◀ where we first met ············
省略可

the reason ◀ why I hate it ···············
省略可

the time ◀ when I got there ·············
省略可

関係詞は「2つの<u>文</u>を繋ぐ役割を果たす」という
説明をよく見聞きしますが、そうではありません。

•••••• 私が好きな▶ 人

•••••• 私が好きな▶ もの / こと

•••••• 私たちが出会った▶ 場所

•••••• 私がそれを嫌いな▶ 理由

•••••• 私がそこに着いた▶ 時

すべて

that で

言い換え可能

省略も可能

人・モノ（主格）

| a person | **who** | makes me happy | ⋯⋯⋯ |

省略不可

| a thing | **which** | makes me happy | ⋯⋯⋯ |

省略不可

○○の

| a person | **whose** | mother is American | ⋯⋯⋯ |

省略不可

関係詞とその直後の一部の省略　★＝よく使われる形

この省略パターンを理解すると、文を組み立てる能力、文の構造を
理解するスピードが大きくアップします。

| a song | **that** | I have written for you | ⋯⋯⋯⋯ |

★ a song I have written for you　　　that を省略 ⋯⋯⋯

★ a song written for you　　　that I have を省略 ⋯⋯⋯

★ a song for you　　　that I have written を省略 ⋯⋯⋯

your song ⋯⋯⋯⋯⋯⋯⋯⋯⋯⋯⋯⋯⋯⋯⋯⋯⋯⋯⋯

| a song | **that** | is written by you | ⋯⋯⋯⋯⋯ |

★ a song written by you　　　that is を省略 ⋯⋯⋯

★ a song by you　　　that is written を省略 ⋯⋯⋯

your song ⋯⋯⋯⋯⋯⋯⋯⋯⋯⋯⋯⋯⋯⋯⋯⋯⋯⋯⋯

・・・・・・ 私を幸せにしてくれる▶「人」

・・・・・・ 私を幸せにしてくれる▶「もの/こと」・・・・ **that** で **言い換え可能**

・・・・・・ (その人の) お母さんがアメリカ人の▶「人」

・・・・・・ 私があなたのために書いた曲

・・・・・・ 同上

・・・・・・ あなたのために書いた曲

・・・・・・ あなたのための曲

・・・・・・ あなたの曲

・・・・・・ あなたによって書かれた曲

・・・・・・ 同上

・・・・・・ あなたによる曲

・・・・・・ あなたの曲

省略し過ぎると
意味の正確さが
犠牲になります。

文脈上、意味が想像
できそうな場合や、
特に気にしない場合
には使えます。

「前置詞」で、構造を簡素化する

名詞（句）　←　**前置詞** ●─ 名詞（句）

前ページの a song for you（あなたのための曲）、a song by you（あなたによる曲）などのように**「前置詞を使えば関係詞を使わずに簡潔に表現できます」**。また、動詞が無いので**「時制で悩むこともありません」！**

a huge house **with** five bedrooms ·················

a new phone **with** 512GB ·················

a grande iced caffè latte with a pump of caramel ······

a package **from** my mother ·················

a hotel **by** the beach ·················

the best restaurant **in** town ·················

cherry trees **along** the river ·················

a poster **on** the wall ·················

77 passengers **on** board ·················

a car **ahead of** us ·················

a picture book **for** children ·················

an apartment **for** sale ·················

a building **under** construction ·················

two stops (**away**) **from** here ·················

⋮

・・・・・・寝室が5部屋ある[5LDKの] 大きな一軒家《○LDK は日本独自の表現》

・・・・・・容量が512 ギガある新しい電話

・・・・・・カラメルシロップを追加した大きいサイズのアイスカフェラテ1つ

・・・・・・母から届いた[届く] 荷物 [ダンボール]

・・・・・・海岸の近くにあるホテル

a pump

・・・・・・街の中で一番の飲食店、街一番の飲食店

・・・・・・川沿いの桜並木

・・・・・・壁に貼ってある[貼られた]ポスター

・・・・・・搭乗している[していた]77名の乗客、乗客77名

・・・・・・私たちの前を走っている[走っていた]車、前の車

・・・・・・子供向けの絵本、子供を対象にした絵本

・・・・・・売り出されている[販売中の]マンション、売りマンション

・・・・・・建設中のビル

・・・・・・2つ目の停車駅[バス停]《各駅停車なら two stations でも可》

「wh一 (what / who など)」で、名詞句を作る

**適当な単語が思い浮かばない時、
what などを使えば簡単に表現が作れます。**

■ **my favorite item**（私のお気に入りアイテム）

what I like most	=an item (that) I like most
（私が一番好きなもの）	what

■ **the most significant issue**（最重要課題）

what matters most	=an issue that matters most
（最も重要なこと）	what

【what 以外のものも、同じように活用できます】

who/whom I love	私の大好きな人
which I choose	私が選ぶほう
how I'm feeling now	私の今の気持ち
what we have now	私たちが今持っているもの、現状 [私たちが現在置かれている状況]
whatever I do	私がするあらゆること
whoever comes here	ここに来る全ての人

⋮

【wh－ to do の形】

what to do	何をしたらいいかということ
who/whom to ask	誰に聞いたらいいかということ
where to go	どこに行こうかということ
when to leave	いつ出発したらいいかということ
which to choose	どちらを選んだらいいかということ
how to do it	どのようにしたらいいかということ

最後に「確認テスト」

ちょっとややこしい文ですが、構造を完璧に理解できたら
自分の英語力に自信を持ってください。

**To know that we know what we know, and
to know that we do not know what we do
not know, that is true knowledge.**

自分がわかっていることはわかっているということ /
がわかること、
そして、
自分がわかっていないことはわかっていないということ /
がわかること、
それが「本当の知」である。

Nicolaus Copernicus
ニコラス・コペルニクス

※「知ったかぶりをしないことが大事」ということ。

<table>
<tr><td>**まとめ**</td><td>「実体」と「非実体」を区別すること
「数値化しようとする意識」
「特定しようとする意識」

日頃使う日本語でも意識しましょう。</td></tr>
</table>

「主旨の文」+補足という基本構造に

精度の高い名詞

を組み込むことで

完成します！

右ページの ███ 部分はすべて名詞（語・句など）です。

名詞（語・句など）の基本バリエーション

a thing	あるもの[こと]
something	何か
something good	何かいいもの[こと]
something to do	何かすること
something (that) I do	私がする何か
what I do	私がすること
whatever I do	私がするあらゆること
what to do	何をしたらいいかということ
that I do something	私が何かをするということ
to do something	何かをするということ
doing something	何かをするということ

STEP 1

主旨の文	補足
A は **B** である	いつ （ 時 ）
A は □ である	どこで （場所）
A は○○する	なぜなら （理由）
A は **B** を○○する	○○なら （条件）
be動詞	○○という状態で
be動詞 状態語句	副詞 / 状態語句
自動詞	前置詞 ●
他動詞	接続詞 文

これで、全STEP終了です

「主旨が明解な文」を組み立てるために必要な要素が
| す || べ || て | 揃いました。

自分が主体

主体 ⟶

アイ
I はココ！

素直に「シンプル・ルール」で、
自分から近い順に捉える[並べる]

近い　　　　　　　　　　　　　　遠い

基本の語順

● **主体（自分）から近い順に並べる《「人」主語が基本》**
● **重要なことは前に置く**

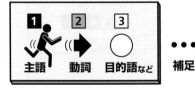

| 1 | 2 | 3 | |
| 主語 | 動詞 | 目的語など | 補足 |

・・・

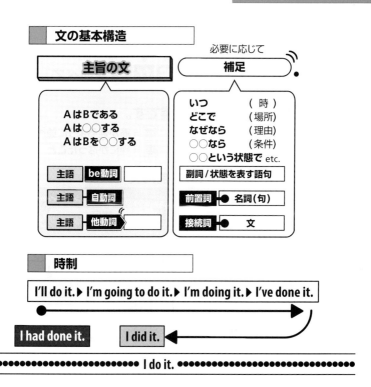

文の基本構造

主旨の文

必要に応じて
補足

AはBである
Aは○○する
AはBを○○する

主語	be動詞	
主語	自動詞
主語	他動詞

いつ　　　　（　時　）
どこで　　　（場所）
なぜなら　　（理由）
○○なら　　（条件）
○○という状態で etc.

副詞 / 状態を表す語句

前置詞 ● 名詞(句)

接続詞 ● 文

時制

I'll do it. ▶ I'm going to do it. ▶ I'm doing it. ▶ I've done it.

I had done it.　　　I did it.

●●●●●●●●●●●●●●●●●●●●●●●●●● I do it. ●●●●●●●●●●●●●●●●●●●●●●●●

名詞の分類

実体 ┌ 数 ┌ C
　　　└ 量 └ U

非実体 … 抽象概念

これが
すべて！

論理的思考 とは
Logic

複数の **主旨が明解な文** を並べて
statements

1つの答え を導く作業です。
an answer

論 = 筋が通るように並べる
理 = 理にかなったこと

主旨が明解な文

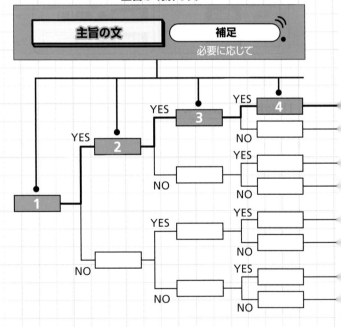

主旨の文))) 補足
必要に応じて

● **an answer** ‥‥‥1つの答え
● **a conclusion**‥‥1つの結論
● **a theory** ‥‥‥‥1つの理論

＊「言葉」ではなく「数学という言語 (数字や数式など)」
を使えば、精度は限りなく 100％ に近づきます。

最終ゴールは
英語を学ぶことではなく、
英語から何を学ぶか、
英語で何を学ぶか
です。

「本物の英語力（English × Logic）」をツールに、
西洋学問を1つに

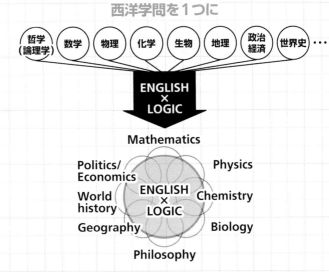

努力している割に「英語力」がなかなか伸びない …。
そう思った時、問題は「英語力」なのかを考えてみると
合理的な解決策が見つかるかもしれません。

Do what you can, with what you have, where you are.

さあ、自分ができることをしよう。今、自分が持っているもので、
今、自分がいるところで。

Theodore Roosevelt

セオドア・ルーズベルト
〈第26代米国大統領〉

「自分主語」で書き換え

I will do what I can, with what I have, where I am.

よっし、自分ができることをするぞ。今、自分が持っているもので、
今、自分がいるところで。

APPENDIX

■■■■■

付録

36 pages

「英語の歴史」を
ちょっと知っておくと
英語の理解に
とても役立ちます

【正式名称】

The United Kingdom
of Great Britain and
Northern Ireland

【略称】

The United Kingdom/
UK/U.K.

SCOTLAND

NORTHERN
IRELAND

ENGLAND

WALES

Strait of Dover（ドーバー海峡）34km

英語の歴史 1〈イギリス〉

「英語」は、
「ドイツ系言語」をルーツにし(**❶**)、
「フランス語」から多くのことを取り入れ(**❷**)、
その後、合理的な改良を重ねて構築された
言語です。

**英語に見られる
「不規則と言われるもの**(不規則動詞など)**」を
理解するヒントになります。**

❶ 4世紀後半

Germanic tribes
(ゲルマン民族)

Jutes ←**Jutland**
(ユトランド半島)

Angles

Saxons

Anglo-Saxons 移住
アングロサクソン

←**わずか34km**(英仏間の最短距離)

支配

❷ 1066年

ノルマン人による英国征服
その後フランス系王朝による支配が
数百年続きました。支配層・知識層
はフランス語を使用。

**Normandy
FRANCE**

ドイツ語っぽい「複数形」

複数形は──s が基本ですが、「**単語の一部がe(e)**」の複数形も
わずかにあることを知っておくと役立ちます。英語がドイツ系
言語だった名残(なごり)と考えられます。

ドイツ語の複数形は語尾に -e,-en,-er など、「**e**」が含まれます。
例) 学生：**student** → **studenten**

単数	複数	意味(単数)	発音	
man	**men**	男	マン	メン
woman	**women**	女	ウーマン	ウィミン
child	**children**	子	チャイゥド	チゥドレン
foot	**feet**	足	フット	フィート
tooth	**teeth**	歯	トゥース	ティース
goose	**geese**	ガチョウ	グース	ギース

フランス語っぽい綴の「単語」

1066年以降、フランス語から多くのものが取り入れられました。
例えば、イギリス英語の単語の綴りで -our、-tre、-logue が
入っているものはフランス語がルーツである場合がほとんどで
す (アメリカ英語ではその綴り部分が簡略化されています)。

英国	アメリカ	意味	発音
labour	**labor**	労働	レイバァ
favour	**favor**	お気に入り	フェイヴァ
colour	**color**	色	カラァ
humour	**humor**	ユーモア	ヒュマァ

centre	center	中心	センタァ
theatre	theater	劇場	シアタァ
dialogue	dialog	対話	ダイアログ
analogue	analog	アナログ	アナログ
catalogue	catalog	カタログ	カタログ

ドイツ語っぽい「不規則動詞」

不規則動詞のほとんどは、英語がドイツ系言語だった頃から使われていた動詞が多少変化し、現在の形に至っているものです。下の例を読み比べてください。「**ドイツ語の動詞語尾 -en**」を取ると、ドイツ語と英語は似ていることがよくわかります。

ドイツ語	英語	意味
haben	have	持っている
bringen	bring	持ってくる
geben	give	与える
gehen	go	行く
kommen	come	来る
wecken	wake	起きる

昔も今も変わらない「人間の日常生活に欠かせない基本動詞」ばかりです。

英語学習者には辛い現実ですが「**基本動詞**（絶対に覚えなければいけない動詞）≒ **不規則動詞**」です。

> **「ドイツ語の動詞語尾 -en」を知っていると**
> **不規則動詞を覚える際にとても役立ちます。**→ P.367

英語の歴史 2 〈アメリカ〉

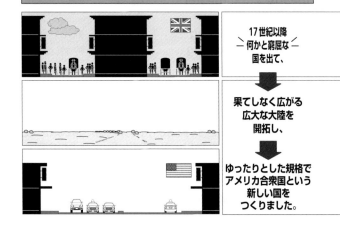

17世紀以降
何かと窮屈な
国を出て、

果てしなく広がる
広大な大陸を
開拓し、

ゆったりとした規格で
アメリカ合衆国という
新しい国を
つくりました。

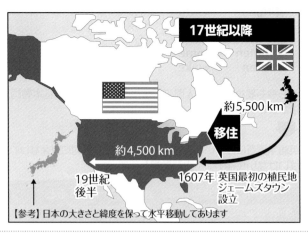

17世紀以降

約5,500 km

移住

約4,500 km

19世紀
後半

1607年 英国最初の植民地
ジェームズタウン
設立

【参考】日本の大きさと緯度を保って水平移動してあります

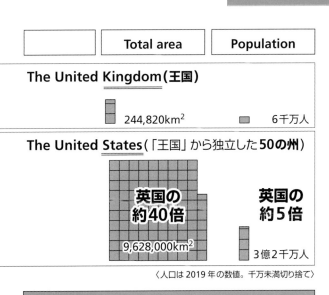

	Total area	Population

The United Kingdom（王国）

244,820km² 　　　　　6千万人

The United States（「王国」から独立した**50の州**）

英国の
約**40倍**

9,628,000km²

英国の
約**5倍**

3億2千万人

〈人口は2019年の数値。千万未満切り捨て〉

伝統を重んじる格調高い英国の英語。その堅苦しさから
自由になった「合理的でカジュアルなアメリカ英語」。

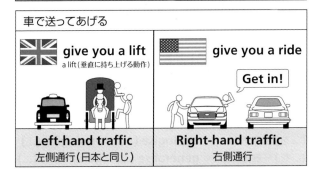

車で送ってあげる

give you a lift
a lift（垂直に持ち上げる動作）

give you a ride

Get in!

Left-hand traffic
左側通行（日本と同じ）

Right-hand traffic
右側通行

「綴り」の合理化

■ P.360-361 で紹介した以外にも、アメリカ英語には綴りが簡略化されたものがたくさんあります。

	英国英語	米国英語
判断	judgement	judgment
美的	aesthetic	esthetic
年月が経っている	ageing	aging
【過去形の綴り】		
travel (旅をする)	travelled	traveled
cancel (中止する)	cancelled	canceled
label (ラベルを貼る)	labelled	labeled
		※ -ing 形も同様
... に向かって (前置詞)	towards ...	toward ...
前方に向かって (副詞)	forwards	forward
後方に向かって (副詞)	backwards	backward

■ 実際の音に綴りを合わせる。「サイズ (大きさ)」は **"size"** と綴るのだから、「リアライズ (実現させる)も **"realize"**。

	英国英語	米国英語
... を実現させる	realise...	realize ...
(... を) 謝罪する	apologise (...)	apologize (...)
(... を) 一般化する	generalise (...)	generalize (...)

「文法」の合理化

	英国英語	米国英語
現在完了	have done	did (過去形) でも可とする
	I've lost my key. Have you seen it? 鍵をなくしちゃった。見なかった？	
		I lost my key. Did you see it?

	英国英語	米国英語
...を持っている	have ... / have got ...	have ...
	Do you have any brothers? 兄弟はいるの？	
	Have you got any brothers?	

その他

...の時間を取る	have ...	take ...
休憩を取る	have a break	take a break
散歩する	have a walk	take a walk
シャワーを浴びる	have a shower	take a shower
目を向ける	have a look	take a look

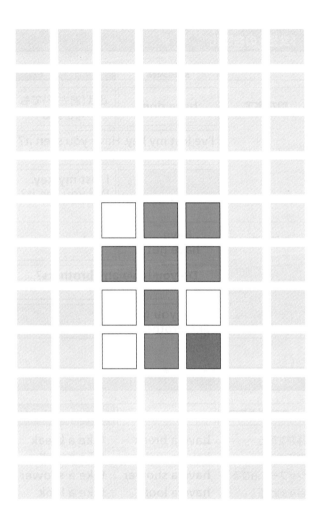

不規則動詞(≒基本動詞)を効率的にマスターする

THE **DUO** オリジナル不規則動詞表

「不規則」と言われていますが、そんなに不規則ではありません

わずか103の不規則動詞の活用を完璧に理解することで、残る数千の動詞の活用で迷うこともなくなります

このパートで紹介する動詞は全て「**基本動詞**」です
〈不規則変化103 語 + 規則変化47 語〉
全ての語を確実にマスターしましょう。

ほとんどの動詞は
「過去と過去分詞が同じ」
です。

動詞活用の基本パターン

原形	過去	過去分詞
──	──(e)d	──(e)d

上記の基本パターンではない不規則動詞でも
必須103語中約6割が「過去と過去分詞は同じ」で、

「過去と過去分詞が違う」のは
わずか43語!

□■■	過去・過去分詞が同じ	43語
■■■	すべて同じ	17語

□■□	過去だけ違う	2語
□□■	過去分詞だけ違う	1語
□■▨	すべて違う	40語

だから

この43語さえ覚えてしまえば、その他の動詞は
「原形・過去の2つだけを覚えれば十分」です!

全て3連で覚えるのは非効率。労力も時間も1/3軽減できます。

数百ある不規則動詞の中から
現代英語必須の103語を厳選し、
一般的な abc 順ではなく「似ている順」に
並べ替えました。

「不規則」の中にある 規 則 性 (パターン)を
感じ取ることができ、覚えやすくなります。

過去・過去分詞兼用の「ドゥ」と「トゥ」
過去分詞限定の「ン」の音を意識して
次ページからのリストを実際に読んでみてください。

-(e)d　ドゥ
-t　　　トゥ
-(e)n　ン

一回目は、日本語の意味を見ずに「英語部分だけを通し読み」してください。

綴りを覚えるのは、音でパターンを実感した後です。

発音に自信がない方は P.377 のカタカナ発音ガイドを参考にしてください。

日本語の動詞の活用に比べれば遥かに「規則的」です

活用形6種類（未然形、連用形、終止形、連休形、仮定形、命令形）
活用パターン5種類（五段 / 上一段 / 下一段 / サ行変格 / カ行変格）

■■ 過去と過去分詞が同じ　　43 語

原形	過去	過去分詞	意味
say	said	←過去形と同じ	言う
pay	paid	〃	払う
lay	laid	〃	横にする
make	made	〃	作る
tell	told	〃	伝える
sell	sold	〃	売る
hold	held	〃	保つ
hear	heard	〃	聞く
have	had	〃	持つ
lead	led	〃	導く
find	found	〃	見つける
bind	bound	〃	束ねる
stand	stood	〃	立つ
slide	slid	〃	滑る
speed	sped	〃	高速で進む
spend	spent	〃	使う
bend	bent	〃	折り曲げる
send	sent	〃	送る
lend	lent	〃	貸す
leave	left	〃	その場を離れる
deal	dealt	〃	扱う
feel	felt	〃	感じる
keep	kept	〃	維持する
sleep	slept	〃	眠る
sweep	swept	〃	掃く

shoot	shot	//	打つ
lose	lost	//	失う
sit	sat	//	座る
meet	met	//	会う
mean	meant	//	意味する
build	built	//	築く
bring	brought	//	持ってくる
buy	bought	//	買う
catch	caught	//	つかまえる
teach	taught	//	教える
think	thought	//	考える
seek	sought	//	求める
fight	fought	//	戦う
strike	struck	//	叩く
stick	stuck	//	突き刺す、くっつく
sting	stung	//	刺す
spin	spun	//	回転する
win	won	//	勝つ

動詞の活用変化は
語尾の変化。

だから、

語尾が同じなら
活用変化も
同じです。

understand	…	stand と同じ
misunderstand	…	//
mislead	…	lead と同じ
uphold	…	hold と同じ
withhold	…	//
overhear	…	hear と同じ
rethink	…	think と同じ
etc.		

■■■ すべて同じ[変化しない] 17 語

原形が「-t で終わる 1 音節[短い綴り]の語」がほとんどです。

カンタン！

原形	過去	過去分詞	意味
put	←原形と同じ	←原形と同じ	置く
let	〃	〃	自由にさせる
hit	〃	〃	打つ
fit	〃 (fittedも可)	〃 (fittedも可)	フィットする
set	〃	〃	セットする
wet	〃	〃	濡らす
bet	〃	〃	賭ける
hurt	〃	〃	傷める
burst	〃	〃	破裂する
cast	〃	〃	投じる
cost	〃	〃	代償・費用を求める
cut	〃	〃	切る
shut	〃	〃	閉める
quit	〃	〃	やめる
split	〃	〃	割る
read [ri:d]	〃 [red]	〃 [red]	読む
spread	〃	〃	広げる

upset … set と同じ
offset … 〃
forecast … cast と同じ
broadcast … 〃
etc.

 ここまでが
「過去と過去分詞が同じ」

「過去分詞」が
「過去」と違うのは
次からの 42 語だけ

■ 過去だけ違う　　　　　　　　　　　2 語

このパターンは come と run の 2 語だけ。「過去だけ違う」
ということは「過去分詞 = 原形」です。

原形	過去	過去分詞	意味
come	came	come	来る
run	ran	run	走る

超カンタン！

◀ まずはこのパターンと
左ページのパターンを
覚えてしまいましょう

become	… come と同じ
overcome	… 〃
overrun	… run と同じ
etc.	

■ 過去分詞だけ違う　　　　　　　　　1 語

原形	過去	過去分詞	意味
beat	〃	beaten	叩く

■■ すべて違う　　　　　　　　　　　40 語

過去分詞は「原形 +(e)n または過去形 +(e)n」のパターンが
ほとんどです (語尾が「ン」)。

原形	過去	過去分詞	意味
take	took	taken	取る
shake	shook	shaken	震える
wake	woke	woken	目覚める
break	broke	broken	壊れる
speak	spoke	spoken	話す
steal	stole	stolen	盗む
choose	chose	chosen	選ぶ

freeze	froze	frozen	凍る
drive	drove	driven	運転する
ride	rode	ridden	乗る
rise	rose	risen	上がる
fall	fell	fallen	落ちる
bite	bit	bitten	噛む
forbid	forbade	forbidden	禁じる
hide	hid	hidden	隠れる
write	wrote	written	書く
eat	ate	eaten	食べる
get	got	gotten[米]/got[英]	得る
give	gave	given	与える
grow	grew	grown	大きくなる
draw	drew	drawn	線を描く
blow	blew	blown	吹く
know	knew	known	知る
throw	threw	thrown	投げる
fly	flew	flown	飛ぶ
show	showed	shown	見せる
see	saw	seen	見る
be	was/were	been	である
tear	tore	torn	裂く
wear	wore	worn	着る
swear	swore	sworn	誓う
i	**a**	**u**	
begin	began	begun	始める
swim	swam	swum	泳ぐ
sing	sang	sung	歌う
ring	rang	rung	鳴らす
sink	sank	sunk	沈む
drink	drank	drunk	飲む
shrink	shrank	shrunk	縮む

do	did	done	する
go	went	gone	行く

mistake	… take と同じ
undertake	… 〃
overtake	… 〃
arise	… rise と同じ
forget	… get と同じ
forgive	… give と同じ
overthrow	… throw と同じ
undergo	… go と同じ
overdo	… do と同じ
redo	… 〃
etc.	

規則性を確認

原形	過去分詞
give	given
take	taken
shake	shaken
drive	driven
rise	risen
see	seen
show	shown
know	known
grow	grown
draw	drawn
blow	blown
throw	thrown
prove	proven
fall	fallen
eat	eaten
be	been

過去分詞＝ 原形 +(e)n ➡

過去分詞＝ 原形 +ne

原形	過去分詞
do	done
go	gone

規則動詞のいくつかは、英国英語では (ー / ーt/ ーt) [**トゥ**]
となります。

米国英語では規則通り (ー / ーed/ ーed) [**ドゥ**]
外国語として英語を学ぶ日本人はこのパターンで十分です。

原形	過去	過去分詞	意味
burn	burned	←過去形と同じ	燃える
learn	learned	〃	学ぶ
lean	leaned	〃	傾く
leap	leaped	〃	跳ぶ
spill	spilled	〃	こぼす
spell	spelled	〃	綴る
dream	dreamed	〃	夢を見る
kneel	kneeled	〃	膝をつく
light	lighted	〃	火をつける

(ー / ーt/ ーt)

burnt	←過去形と同じ	
learnt	〃	
leant	〃	
leapt	〃	
spilt	〃	
spelt	〃	
dreamt	〃	
knelt	〃	
lit	〃	

[**ティー**]

Tea
[ti:]

British people love T.

ジョークではなく、Tをはっきり発音するのは英国英語の特徴です [ti:]

不規則動詞のカタカナ発音ガイド

実際の音は電子辞書などで確認してください

☐	■	▨
セイ	ヤッド	〃
ベイ	ベイド	〃
レイ	レイド	〃
メイク	メイド	〃
テゥ	トゥド	〃
セゥ	ソゥド	〃
ホゥド	ヘッド	〃
ヒァ	ハッド	〃
ハヴ	ハド	〃
リード	レッド	〃
ファインド	ファウンド	〃
バインド	バウンド	〃
スタンド	ストゥッド	〃
スライド	スリッド	〃
スピード	スペッド	〃
スペンド	スペント	〃
ベンド	ベント	〃
センド	セント	〃
レンド	レント	〃
リーヴ	レフト	〃
ディーゥ	デゥト	〃
フィーゥ	フェゥト	〃
キープ	ケプト	〃
スリープ	スレプト	〃
スウィープ	スウェプト	〃
シュート	ショット	〃
ルーズ	ロスト	〃
シット	サット	〃

ミート	メット	〃
ミーン	メント	〃
ビッド	ビット	〃
ブリング	ブロゥト	〃
バイ	ボゥト	〃
キャッチ	コゥト	〃
ティーチ	トゥト	〃
スィンク	ソゥト	〃
シンク	ソゥト	〃
ファイト	フォゥト	〃
ストライク	ストラック	〃
スティック	スタック	〃
スティング	スタング	〃
スピン	スパン	〃
ウィン	ワン	〃

■	■	■
プット	〃	〃
レット	〃	〃
ヒット	〃	〃
フィット	〃	〃
セット	〃	〃
ウェット	〃	〃
ベット	〃	〃
ハァト	〃	〃
バァスト	〃	〃
カスト	〃	〃
コスト	〃	〃
カット	〃	〃
シャット	〃	〃
クィット	〃	〃
スプリット	〃	〃
リード	レッド	レッド
スプレッド	〃	〃

☐	■	
カム	ケイム	カム
ラン	レン	ラン

☐	☐	■
ビート	〃	ビートゥン

☐	■	▨
テイク	トゥック	テイクン
シェイク	シュック	シェイクン
ウェイク	ウォゥク	ウォゥクン
ブレイク	ブロック	ブロゥクン
スピーク	スポゥク	スポゥクン
スティーゥ	ストゥ	ストールン
チューズ	チョゥズ	チョゥズン
フリーズ	フロゥズ	フロゥズン
ドライヴ	ドロゥヴ	ドリヴン
ライド	ロゥド	リドゥン
ライズ	ロゥズ	リズン
フォゥ	フェゥ	フォールン
バイト	ビット	ビトゥン
フォビド	フォベイド	フォビドゥン
ハイド	ヒッド	ヒドゥン
ライト	ロゥト	リトゥン
イート	エイト	イートゥン
ゲット	ガット	ガット(ゥン)
ギヴ	ゲイヴ	ギヴン
グロゥ	グルゥ	グロゥン
ドロゥ	ドゥルゥ	ドローン
ブロゥ	ブルゥ	ブロゥン
ノゥ	ニュゥ	ノゥン
スロゥ	スルゥ	スロゥン
フライ	フルゥ	フロゥン
ショゥ	ショゥト	ショゥン
シー	ソゥ	シーン
ビー	ワズ/ワァ	ビーン
テア	トァ	トーン
ウェア	ウォァ	ウォーン
スウェア	スウォア	スウォーン
ビギン	ビガン	ビガン
スウィム	スワム	スワム
シング	サング	サング
リング	ラング	ラング
シンク	サンク	サンク
ドリンク	ドランク	ドランク
シュリンク	シュランク	シュランク
ドゥー	ディド	ダン
ゴゥ	ウェント	ゴーン

▼ 確認してみてください

原形	過去	過去分詞	意味
add	added	←過去形と同じ	加える
ask	asked	〃	頼む
believe	believed	〃	信じる
call	called	〃	呼ぶ
change	changed	〃	変える
clean	cleaned	〃	きれいにする
close	closed	〃	閉める
continue	continued	〃	続ける
explain	explained	〃	説明する
finish	finished	〃	終わらせる
follow	followed	〃	ついていく
happen	happened	〃	起こる
help	helped	〃	助ける
laugh	laughed	〃	笑う
learn	learned	〃	学ぶ
like	liked	〃	好き

listen	listened	←過去形と同じ	聞く
live	lived	〃	生きる
look	looked	〃	見る
love	loved	〃	大好き
move	moved	〃	動く
need	needed	〃	必要だ
open	opened	〃	開ける
play	played	〃	遊ぶ、演じる
pull	pulled	〃	引く
push	pushed	〃	押す
raise	raised	〃	上げる
seem	seemed	〃	のように思える
share	shared	〃	共有する
start	started	〃	始める
stay	stayed	〃	留まる
stop	stopped	〃	止まる
study	studied*	〃	学習する
sum	summed	〃	合計する
talk	talked	〃	話す
text	texted	〃	文字を打つ
thank	thanked	〃	感謝する
touch	touched	〃	触る
try	tried*	〃	試す
turn	turned	〃	向きを変える
use	used	〃	使う
visit	visited	〃	訪ねる
wait	waited	〃	待つ
walk	walked	〃	歩く
want	wanted	〃	欲しい
watch	watched	〃	よく見る
work	worked	〃	働く
⋮	⋮	⋮	* —y → —ied

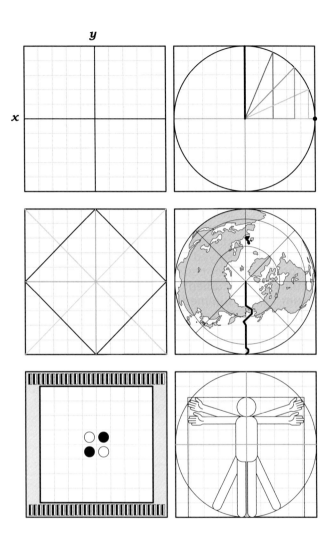

最も精度の高い言語
MATHEMATICS（数学）の基礎を
「絵」で理解する

 数学を難しく感じさせているのも、日本語？

**I very rarely think in words at all.
A thought comes,
and I may try to express it
in words afterwards.**

言葉で考えることはまったくと言っていいほどない。
考えが頭の中に浮かぶのだ。
その後、それを言葉で表現しようとすることは
あるかもしれないが。

Albert Einstein
アルバート・アインシュタイン

面積 (Area) の捉え方

面積とは、「**1×1 の正方形 (square) を1単位として、それ(ら)がいくつあるかを表すもの**」です(「縦の長さ×横の長さ」では本質を理解できません)。このことを基礎の段階からしっかり意識しておくことが重要です。

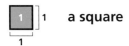

a square

SQUARE (正方形)

Side (3)

$$3^2 = 9$$

Three squared is nine.

Three ← squared
(3)　(正方形にされた)

RECTANGLE (長方形)

Length (5)

$$5 \times 3 = 15$$

Five times three is fifteen.

「1」には4つの意味があります。〈→P.68〉	・ 1つの点（位置）	—— 1本の線（長さ）	1つの面（面積）	1つの立体（体積）

「数学的な眼」を養う「10×10グリッド*」

四則演算(足し算・引き算・割り算・掛け算)、**図形**、**関数**などを数学的に考える時だけでなく、論理的に考える時、英語の見方・考え方を理解する時にも「10×10の正方形グリッド」は非常に役立ちます。ぜひ活用してください。

*グリッド (grid): 碁盤目状のもの

■ 1×1の正方形であることがポイント

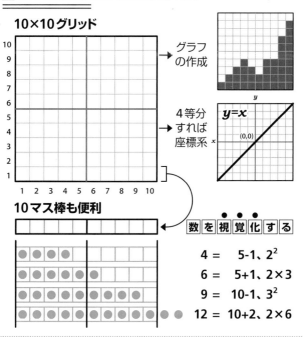

10×10グリッド

→ グラフ
　の作成

→ 4等分
　すれば
　座標系

$y=x$
(0,0)

10マス棒も便利

数を視覚化する

$4 = 5-1、2^2$

$6 = 5+1、2×3$

$9 = 10-1、3^2$

$12 = 10+2、2×6$

10×10 グリッドで「掛け算九九」をおさらい

数 を 視 覚 化 す る

「さざんがく」「さんく にじゅうしち」という言葉の暗記ではなく、**「数字の意味」**を視覚的に捉えることが、数学的思考力の基礎です。

9=

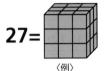
27=

〈例〉

「掛け算九九」を「掛け算 10×10」で

**縦横それぞれを
1列増やした
10×10の
正方形グリッドで、
「九九」をおさらい** ——→

●1、10、100 という単位の意味を考える。

10	10	20	30	40	50	60	70	80	90	100
9	9	18	27	36	45	54	63	72	81	90
8	8	16	24	32	40	48	56	64	72	80
7	7	14	21	28	35	42	49	56	63	70
6	6	12	18	24	30	36	42	48	54	60
5	5	10	15	20	25	30	35	40	45	50
4	4	8	12	16	20	24	28	32	36	40
3	3	6	9	12	15	18	21	24	27	30
2	2	4	6	8	10	12	14	16	18	20
1	1	2	3	4	5	6	7	8	9	10
	×1	×2	×3	×4	×5	×6	×7	×8	×9	×10

起点は左下 ——→

●「+(プラス)は左から右に、下から上に増加」というルールで考える。

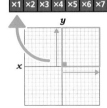

10×10 のグリッドから

数 学 的 な 法 則 を

いくつ見つけられますか?

● 計算の工夫

8×9は、8を9個足すだけではない

8	8	16	24	32	40	48	56	64	72	80

$$8×9=\underline{80-8}=72$$

● 図形の基礎

x^2 の意味は「正方形」

（読み）x squared
エックス・スクエアド

3	6	⑨
2	4	6
1	2	3

$3×3=3^2=9$

ヨコ×タテ = タテ×ヨコ

5	10	⑮
4	8	12
3	6	9
2	4	6
1	2	3

=

3	6	9	12	⑮
2	4	6	8	10
1	2	3	4	5

$3×5=5×3$

● 思考力

当たり前の×1、×10 を消し、ヨコ×タテ = タテ×ヨコの重複を消すと、10×10＝100 個のうちの 64 個消せるから、「掛け算九九」は 100 - 64 ＝ 36 個だけ覚えればいい！

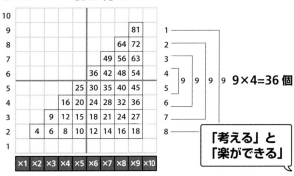

9×4=36 個

「考える」と
「楽ができる」

10×10グリッドで「図形」を理解する

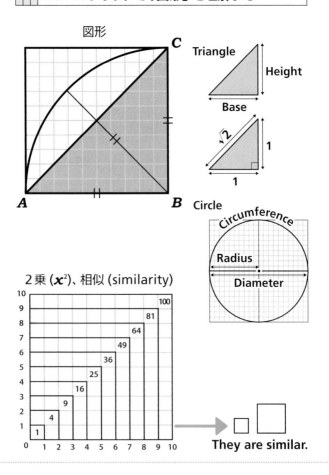

図形

Triangle

Height

Base

$\sqrt{2}$

1

1

Circle

Circumference

Radius

Diameter

2乗 (x^2)、相似 (similarity)

They are similar.

10×10グリッドで「因数分解」を理解する

中学生で習う
展開公式
$(a+b)^2 = a^2+2ab+b^2$

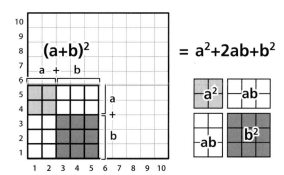

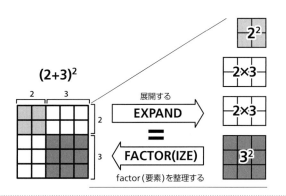

展開する
EXPAND

=

FACTOR(IZE)

factor(要素)を整理する

🏁 10×10グリッドで「関数」を理解する

4等分すれば「座標系」として活用できます。

1次関数、2次関数、3次関数は「元（げん）」という漢字を足すだけで、意味が鮮明になります。

1次元関数　**linear function**　　➡　「線の」関数

2次元関数　**quadratic function**　➡　「正方形の」の関数

3次元関数　**cubic function**　　➡　「立方体の」関数

【linear（line（線）の）　※リニアモーター・カーの「リニア」】

【quadratic（ラテン語で、4つの辺と角度が等しい形→正方形）の）】

【cubic（cube（立方体）の）】

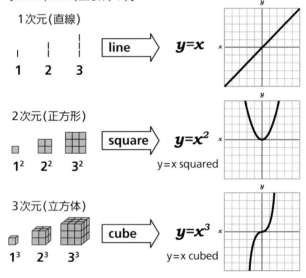

1次元（直線）

1　**2**　**3**　line　$y=x$

2次元（正方形）

1^2　2^2　3^2　square　$y=x^2$

y＝x squared

3次元（立方体）

1^3　2^3　3^3　cube　$y=x^3$

y＝x cubed

マイナス × マイナス = プラス ???

座標系で考えれば、一瞬で理解できます。

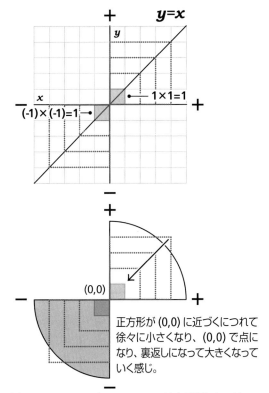

正方形が (0,0) に近づくにつれて
徐々に小さくなり、(0,0) で点に
なり、裏返しになって大きくなって
いく感じ。

「座標系 (Cartesian coordinate system)」を発明したのは
ルネ・デカルト (René Descartes)

地球(地理)を数学的に捉える

Geometry(幾何学)は【Geo-(地球)を metry(メートル/測る)】が語源。**Geography**(地理)【Geo-(地球)の graphy(姿を描く)】を学ぶ際にも役立ちます。

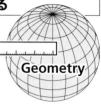

Geometry

■ 対角線ルート(最短ルート)は約 30% オトク!

(正方形の場合)

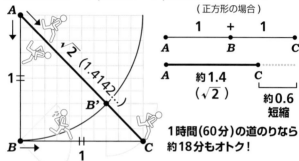

1時間(60分)の道のりなら
約18分もオトク!

■ スエズ運河(エジプト)の地理的重要性が理解できる

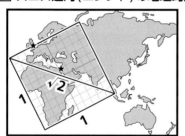

ヨーロッパ⇔アジア・オセアニアの海上移動において、スエズ運河は要。アフリカ大陸を回るルートより約30%距離を短縮できます。
地球は球体です。地球儀(地勢型)で見ればもっと色々な発見があります。

骨格を数学的に捉える

arm（腕）は鎖骨で、leg（脚）は骨盤で動かせば 可動域（動かすことが可能な域）は最大に。

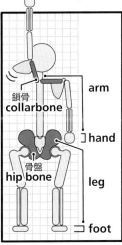

鎖骨
collarbone

arm

hand

骨盤
hip bone

leg

foot

リーチ（腕の長さ）を最大に

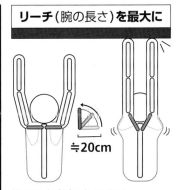

≒20cm

鎖骨は上方向だけでなく、前方にも動きます。

ストライド（1歩の大きさ）を大きく

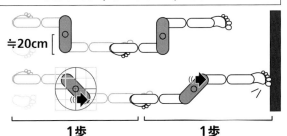

≒20cm

1歩　　　　　1歩

実数 (Real Numbers)　　**R** ⟨Real の R⟩

数学の「**数**」の表し方を理解することは、英語の「**名詞**」
の表現精度を上げることにも繋がります。

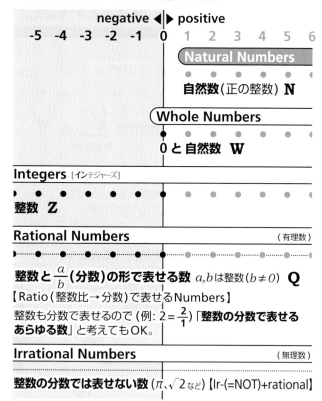

negative ◀▶ positive

-5　-4　-3　-2　-1　0　1　2　3　4　5　6

Natural Numbers

自然数（正の整数）**N**

Whole Numbers

0 と自然数　W

Integers [インテジャーズ]

整数　Z

Rational Numbers　　　　　　　　　　　（有理数）

整数と $\dfrac{a}{b}$（分数）の形で表せる数　a,bは整数（$b \neq 0$）**Q**
【Ratio（整数比→分数）で表せるNumbers】
整数も分数で表せるので（例: $2 = \dfrac{2}{1}$）「**整数の分数で表せる
あらゆる数**」と考えてもOK。

Irrational Numbers　　　　　　　　　　　（無理数）

整数の分数では表せない数（π、$\sqrt{2}$など）【Ir-(=NOT)+rational】

392

ローマ数字 (Roman Numerals)

$\rm I$ (1), $\rm V$ (5), $\rm X$ (10) の3つの組み合わせで39まで表現
できます (40以上は $\rm L$ (50)、$\rm C$ (100) なども使用)。
注目は **4** (5の1つ前) と **9** (10の1つ前) の表し方です。

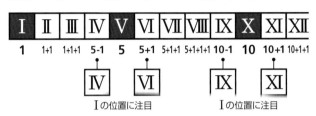

$\rm I$	$\rm II$	$\rm III$	$\rm IV$	$\rm V$	$\rm VI$	$\rm VII$	$\rm VIII$	$\rm IX$	$\rm X$	$\rm XI$	$\rm XII$
1	1+1	1+1+1	5-1	5	5+1	5+1+1	5+1+1+1	10-1	10	10+1	10+1+1

$\rm IV$　$\rm VI$
Ⅰの位置に注目

$\rm IX$　$\rm XI$
Ⅰの位置に注目

$\underset{\text{10　5-1}}{\rm XIV}$ **14**

$\underset{\text{10　5+1}}{\rm XVI}$ **16**

$\underset{\text{10　10　10　10-1}}{\rm XXXIX}$ **39**

**Louis XIV, known as the Sun
King, built a palace outside
Paris at Versailles.**

ルイ14世 (通称太陽王) はパリの郊外
ヴェルサイユに宮殿を建てた。

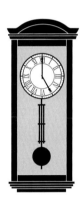

ローマ数字には「0(ゼロ)」がありません (即ち、自然数のみ)。
インド人が発明した0がアラビアを経てヨーロッパに伝わった
のは1202年、イタリア人のFibonacci (フィボナッチ) が著
した『Liber Abaci (計算の書) 』によって。

二進法 (Binary Number System)

デジタル (Digital) の世界はすべて二進法 (「**0 と 1**」だけ) で表現されています〈Digitalのdigitは「桁」という意味〉。

ルールは至ってシンプルです。普段使っている十進法が 0,1,2,3, ...,「**9**」で桁が上がるのが、二進法は 0,「**1**」ですぐに桁が上がります。

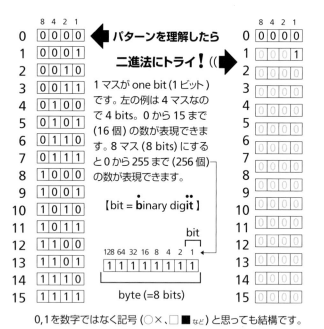

0,1を数字ではなく記号 (○×、□ ■など) と思っても結構です。

「0は OFF(電気を通さない)」、「1は ON(電気を通す)」という設定で装置を作れば、文字や絵などを表すことができます。

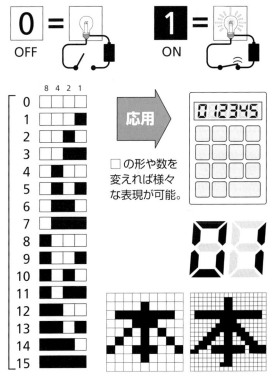

□ の形や数を変えれば様々な表現が可能。

COVID-19(新型コロナウィルス)について
【coronavirus disease 2019 年】
～ 笑顔の日常を取り戻すために、考える ～

全人口に占める高齢者の割合が世界一高い日本が、欧米型の厳しいロックダウンをせずに、新型コロナによる死者を 1000 人未満 (2020/7/12 現在) に抑えていることを、欧米の研究者たちは不思議がっています。この「なぜ」の理由を探そうと、iPS 細胞で皆さんご存知の山中伸弥さんがサイト (https://www.covid19-yamanaka.com)を立ち上げ、「ファクター X を探せ!」という問いかけをしています。

そこで、私もファクター X の候補を一つ挙げたいと思います。それは**日本の豊かな「生食文化」**。刺身・寿司 (生魚)、生ガキ、生卵、漬物 (発酵食品)、半生の肉 …。これらは加熱殺菌しない限りほぼ 100%、microorganisms (微小な生物) が共生しています。つまり、食物を生で食べるということは、microorganisms を生きたまま体内に多少取り込んでいるということです (もちろん「鮮度」が非常に重要)。

ウィルス感染症の効果的な対策はワクチン接種 (予防接種)。毒性を弱めた微量のウィルスを体内に入れ、免疫システムに退治の仕方を学習させること。「日頃から微量の多種多様な microorganisms を生きたまま摂取している日本の食習慣」には、ワクチン接種と同じような効果があるのでは …? というのが、私の考えるファクター X です。

「マスクの着用」「3密の回避」では根本的な問題は解消しません。「感染しない対策よりも、感染しても重症化しない対策」を考えることが、笑顔の日常を取り戻すために最も重要なことではないでしょうか？

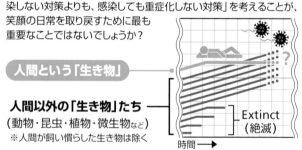

人間という「生き物」

人間以外の「生き物」たち ──
(動物・昆虫・植物・微生物 など)
※人間が飼い慣らした生き物は除く

Extinct
(絶滅)

時間 ➡

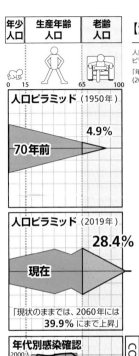

【資料】

人口ピラミッドの数値は「国立社会保障・人口問題研究所」より。ピラミッドの形は単純化し、90度回転させました。
「年代別感染確認」「年代別死亡率」は「厚生労働省」公表の数値(2020/4/19)を基にグラフ化。

ウィルス学者 **山内一也**(やまのうち・かずや)さんの話はとても勉強になります。

🔍 ウィルスと共に生きる で検索し、読んでみてください。

一般社団法人 予防衛生協会(https://www.primate.or.jp)
>【連載】『生命科学の雑記帳』
>12.「ウィルスと共に生きる」

「主旨の文」は ❶ ❷ ❸ の3つだけ!?

司会：　Any more thoughts about ⓐ the Tokyo Olympics? 　　　　1

PRESIDENT TRUMP: ❶ **I just wish** the Prime Minister —
he's a great friend of mine, Prime Minister Abe.　And I wish
him luck. They did such a perfect job. The venues are
incredible. He was proudly showing me pictures of what they'd 　5
done the last time I was with him. ⓑ This is before this came up.
And I said, "What a job." And they built it very well. They
built it on budget, right on — even under budget. And they're
beautiful facilities. I don't know. I mean ⓒ it's very possible —
it's very possible that for the Olympics maybe — I just can't 　10
see having no people there — in other words, not allowing
people.　Maybe — and this is just my idea — maybe they
postpone it for a year. Maybe they do that, if that's possible.
Maybe they — maybe that's not possible. I guess it's never
happened with the Olympics. Although I think there was 　15
interruption for wars.

司会：　They've been canceled, a few.

PRESIDENT TRUMP: Right. It was canceled or interruption.
❷ **I would say maybe they postpone it for a year.** ❸ **It's a
shame** because, really, I'm — you know, I used to be in the 　20
real estate business as you probably heard. They built some
— and I built beautiful buildings, and they built some really
beautiful buildings.

**I just wish him luck. I would say maybe they postpone
it for a year. It's a shame.**

彼 (安倍首相) の幸運を祈るだけさ。まあ、何とも言えないけれど
1年延期というのも選択肢の一つなんじゃないかなあ。残念だけど。

ⓐ the Tokyo Olympics 〈1行目〉
複数の競技からなる大会なので ─s。

❶ I just wish ... 〈2行目〉
wishの目的語として「首相、彼は私の素晴らしい友人、安倍首相」
と並べたところで、目的語部分が長くなり、言おうとした luck
が wish から離れすぎると感じ、And I wish him luck. と言い
直した。

ⓑ This is before this came up. 〈6行目〉
This（安倍首相と会った時のこと）は this（五輪開催に対する不
安）が表面化したよりも前のことだ。

ⓒ it's very possible — it's very possible that ... 〈9行目〉
文を続けようと that と言ったのだが，その後の文がまとまらず、
「無観客試合は想像できないし ...」と理由を挟んでから that
以下を口にしている（12行目）。そしてさらに思い浮かんだこと
をあれこれ口にしながら 19 行目の ❷「主旨の文」に繋がる。

❷ I would say maybe they postpone it for a year. 〈19行目〉
would と maybe という意味を弱める語を2つ使っているので
「まあ、何とも言えないけれど 1 年延期というのも選択肢の一つ
なんじゃないかなあ」ぐらいの意味合い。they は「安倍首相を
はじめとする多くの日本人 / 大会関係者」。

❸ It's a shame because ... 〈19行目行末〉
... だから残念だ。...(理由の文) は 22 行目ですが、それを言う
までの部分がおもしろい。彼は「不動産王」の異名を持つ実業家
であることもあり、不動産のこととなると、つい自分のことを言い
たくなってしまうようです。

残念だよ。だって、本当に、私は ── ほら、(あっ、I'm だと今
もやっていると思われてしまう。I used to be だ) 私は不動産
ビジネスをしていたんだよ。聞いたことはあるだろうけど。(あっ、
自分のことではなく、彼らのことだ) 彼らは建てたんだよ ──
(やっぱり、自分のことも言いたいなあ) 私も素晴らしいビルを
建てたけど、**彼らは本当に素晴らしいビルを建てたんだよ。**

タイトル	**THE DUO 英語×論理的思考力**
	[ザ デュオ] エイゴ カケル ロンリテキシコウリョク
	2020年08月07日 初版発行
	2024年02月20日 3刷発行
	©YOICHI SUZUKI, 2020, MADE IN JAPAN

作者	鈴木 陽一
発行者	鈴木 陽一
発行所	株式会社 アイシーピー
	〒106-0032 東京都港区六本木 3-16-35 イースト六本木ビル 6F
	電話 03-3583-7040
	FAX 03-3583-7041
	Email mailbox@icp.co.jp
カバー・表紙デザイン	パルスデザイン事務所 伊藤 宏
DTP・印刷・製本	壮光舎印刷株式会社
ISBN	978-4-900790-13-1
総ページ数	400
寸法	16.4×11×1.2cm

THE DUO
Category: English language textbook
Copyright © 2020 by Yoichi Suzuki

ICP corporation
106-0032
East Roppongi Building 6th floor
Roppongi, Minato-ku 3-16-35
Tokyo, Japan

Made in Japan